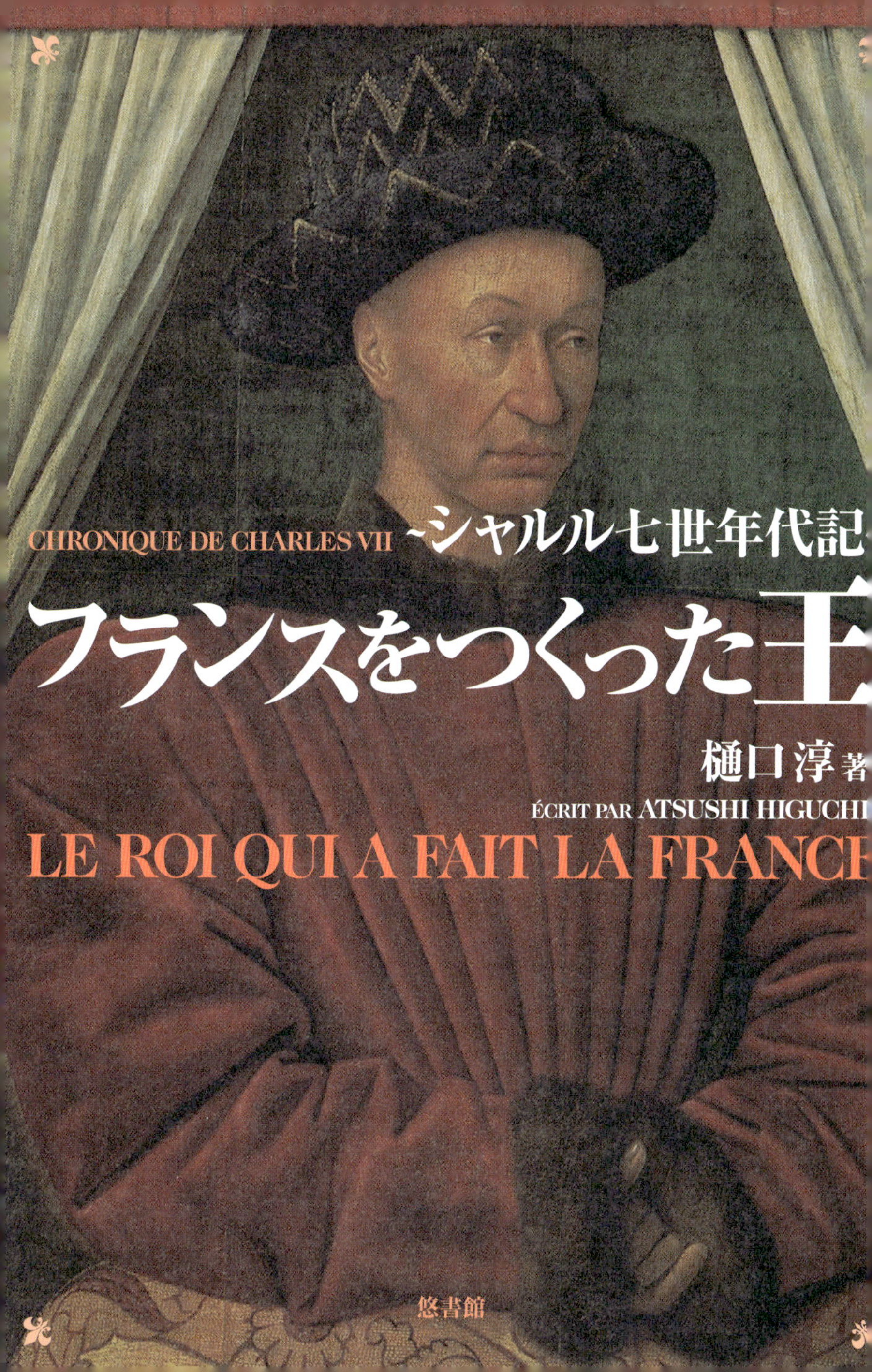

CHRONIQUE DE CHARLES VII ~シャルル七世年代記~

フランスをつくった王

樋口淳 著

ÉCRIT PAR ATSUSHI HIGUCHI

LE ROI QUI A FAIT LA FRANCE

悠書館

フランスをつくった王

——シャルル7世年代記——

目次

フランスをつくった王

——シャルル7世年代記——

序章　国民国家フランスの誕生

「フランスは、いつからフランスになったのか？」

これは、なかなか難しい問題である。

『フランス史』あるいは『フランスの歴史』といった通史の多くが、まず「先史時代のフランス」から始まるのだから、答えはそれでよいはずだが、実はそう簡単にはかたづかない。その冒頭に記述されるクロマニョン人からケルト人にいたる人々は、たしかに今日フランスと呼ばれる土地のどこかに暮らし、足跡を残してはいるのだが、彼らの暮らした「やがてフランスとなるはずの土地」に一体性を感じることはなかったに違いない。

それでは「フランスにすむ人々が、言葉や習慣を共有し、地域と文化の一体性を感じ始めたのはいつか」と言えば、それは紀元前五八年にあのユリウス・カエサルがアルプスを越えて軍を進め、ガリア遠征を行なった時に始まると言ってよいのではないだろうか。この遠征の結果、ローマは、それまでの地中海沿岸一帯の植民地ナルボネンシスに加えて、ピレネー山脈の東からライン川の西にいたる広大な領域を手に入れ、今日のフランスよりやや広い地域を支配するにいたった。そしてカエサルの死後に帝国が成立すると、着々と「ローマ化」を進め、都市を建設し、道をつくり、言葉や制度を整え、ぶどうや小麦や雑穀といった農業生産を基礎とするライフスタイルを、北の果てまで押し広げていった。

こうしてローマ化した「フランス」がローマの支配から独立し、独自の国家的なアイデンティティを確立するのは、周知の通り、クロヴィス1世（466-511）が、フランク族を統一してメロヴィング朝フランク王国を立てた時であろう。

知略にとんだ彼は、四八六年にガリア北部を支配していたローマ系軍閥のシアグリウスをソワソンの戦いで破ると、四九三年にブルグンド王国の王女クロティルダと結婚し、四九六年にはキリスト教に改宗して、ローマ人の築きあげた文化的な一体性を継承する。さらに支配地を広げながら、五〇八年にパリに都を移し、五一一年に死去すると、パリ郊外のサン・ドニ大聖堂に埋葬される最初の王となった。

しかしクロヴィス1世の死後、メロヴィング朝フランク王国は四つに分裂し、さらに分裂と抗争を繰り返して滅び、簒奪者ピピンは教皇ステファヌス3世にラヴェンナなどを寄進してカロリング朝を立てる。その子シャルルがローマで戴冠し、八〇〇年に西ローマ帝国を復興させたことは、よく知られている。しかしアーヘンに生まれ「カール大帝」とも「シャルルマーニュ」とも呼ばれるこの偉大な王は、たちまちのうちに現在のドイツ、フランス、イタリアにまたがる大帝国を打ち立ててしまったので、とてもフランス一国の王と呼ぶわけにはいかない。

フランスがふたたびフランスとしての姿を現すのは、シャルルの三人の孫たちが争ったあげくに結

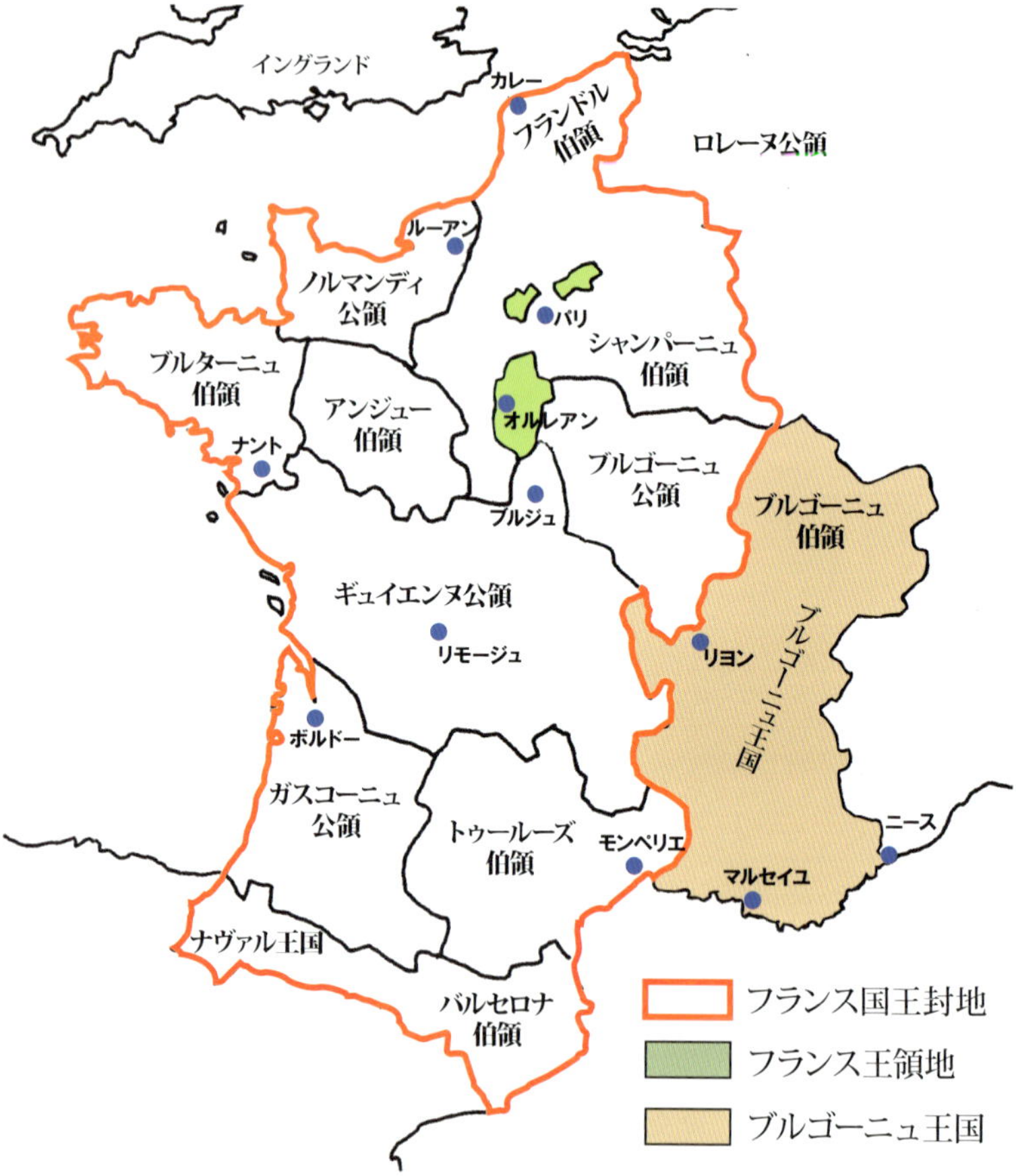

図１　カペー朝初期の王領地

ばれたヴェルダン条約（八四三年）で、シャルル2世が現在のフランスより少しせまい西フランク王国を継承し、さらに長兄ロタールの死後の混乱をついて、次兄ルートヴィッヒと八七〇年にメルセン条約を結び、国土を分け合った時というべきである。このフランク王国の分裂を契機に、現在のフランス、イタリア、ドイツという三つの国の領域がほぼ固まり、今日のフランス語のもととなった「古フランス語」も徐々に普及してゆく。

しかし問題は、この時期のフランスに住む人々が「フランス人」というアイデンティティをもたず、あくまでもカロリング朝「西フランク」の一員として振舞っていたことである。シャルル2世自身も、八七五年に甥の西ローマ皇帝ルートヴィッヒ2世が死ぬと、後を襲ってただちにイタリアに侵攻し、皇帝カール2世として即位する。

それでは、フランスが初めてフランス人の王を戴き、「フランス王国」となったのは、いつか。それは、カロリング朝が断絶し、九八七年に西フランク王ロベール1世の孫であったパリ伯ユーグ・カペーがフランス王に選出され、カペー朝が成立した時である。このユーグ・カペーの男系の血筋は、この後、女性に王位を認めないサリカ法典を守り、ヴァロワ朝、ブルボン朝、そしてフランス革命を経て、オルレアン朝で終焉を迎えるまで、実に一八四八年まで脈々と受け継がれることとなる。

しかし、初代ユーグ・カペーが王位についた時、彼は一介のパリ伯にすぎず、カロリング朝の血筋の継承を主張するロレーヌ大公シャルルをはじめとする有力諸侯の間に埋没しかねない存在だった。ユーグを支えたのは、フランス大司教アダルベロンをはじめとする、わずかな教会勢力にすぎなかった。

ューグに続くカペー朝の王たちは、この貧しい支配地を堅持し、武力と政略によって、着々と拡大してゆくが、一一五二年、ルイ7世が妻アリエノールと離婚した時に最大のピンチを迎える。アリエノールは離婚後わずか六週間で大領主ノルマンディ公アンリと再婚するが、二年後の一一五四年にそのアンリが、イングランド王ヘンリー2世として即位するという大事件が勃発する。図2は当時のフランス勢力図であるが、広大なアキテーヌを領するアリエノールとアンリの支配地は、当時のフランスの三分の二近くを占めている。イングランド王ヘンリー2世がフランスの最大領主となったのである。

ルイの後を継いだカペー朝の王たちは、たしかに有能で、この失地の回復を着実に進めたが、一三二八年に、カペー朝最後の王シャルル4世が直系男子の後継者を残さずにこの世を去り、甥にあたるフィリップ6世が即位しヴァロア朝をたてると、イングランド王エドワード3世が王位の継承を主張し、やがて百年戦争に発展する。

エドワードは、一三四六年七月にノルマンディに上陸し、八月二六日のクレシーの戦いにおいて決定的な勝利をおさめる。そしてさらに一三五六年九月、ブラック・プリンス（黒太子）とあだ名されるエドワード3世の長子エドワードはポワティエの戦いで圧倒的な勝利をおさめ、フランス国王ジャン2世を捕虜とする。

これら二つの戦いで数の上で優位を誇るフランスが敗れたのは、イングランド軍の擁する長弓部隊のまえに為すすべを知らなかったという戦術的な誤りもあるが、それ以上に、フランス方が国家とし

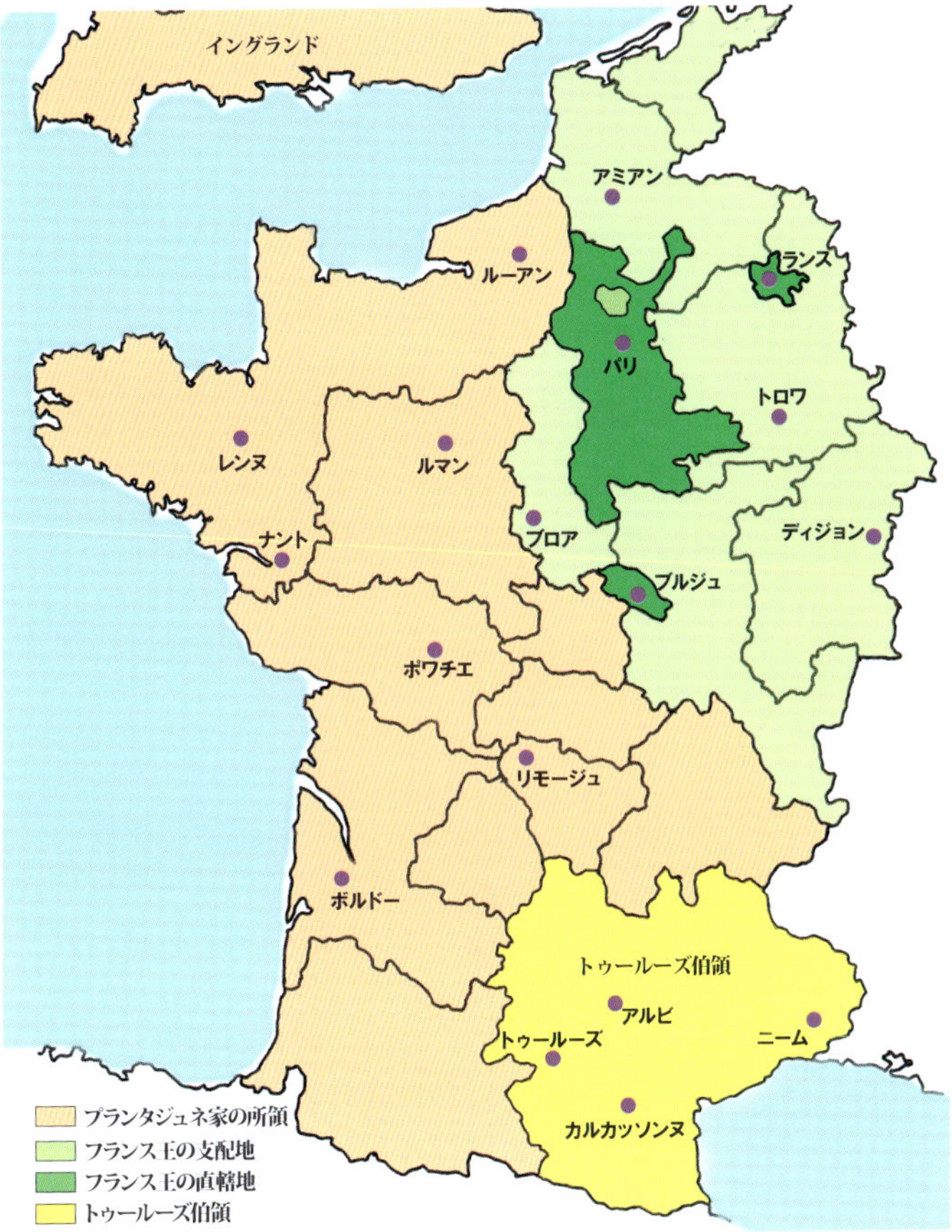

図 2　1154 年のフランス

茶色がプランタジュネ家の所領、緑色がフランス王家の
支配地。王の直轄地は、濃い緑色の部分に限られている。

ての統一を欠き、大領主や騎士たちの軍隊が寄せあつめの「烏合の衆」にすぎなかったのが大きな原因である。

ジャン2世の長子シャルル5世はこの問題に気づき、国家の建て直しをはかり、イングランド軍をあと一歩のところまで追い詰めたが、禍根を残したまま一三八〇年に没した。

そして一四一二年八月、イングランド王ヘンリー4世はノルマンディに上陸する。賢明なシャルル5世の死後、ふたたび国家としての統一を失っていたフランスは、一四一五年十月に行なわれたアザンクールの戦いで、クレシー、ポワティエと同じ誤りを重ねて大敗し、三度後退を余儀なくされ、五年後の一四二〇年にはイングランドとの間にトロワ条約を結び、イングランド王ヘンリー5世をフランス王シャルル6世の後継者とするところまで追い込まれた。

国家としてのフランスは、ここに存亡の危機を迎えることとなる。

この危機の折り返し地点となったのが、一四二九年五月のオルレアンの戦いである。

この時、フランス軍の先頭にたったジャンヌ・ダルクは、まさに奇跡をもたらしたといってよいだろう。彼女は、その時まで烏合の衆の寄り合い所帯にすぎなかったフランス軍を、彼女が「やさしい王太子」と呼んだシャルルの率いるフランスの国軍として纏め上げたのである。

ジャンヌの生まれたロレーヌ地方のドンレミという村は、今でこそフランスだが、当時は、フランス王国から独立したロレーヌ公領に属していた。その彼女が、神の声を聞き、王太子シャルルをフランス国王としてランスで戴冠させるために村を出たのである。

ジャンヌが登場する十五世紀初頭までのフランス人の間には、「自分がフランス人である」という自覚を持つ人は少なかった。たとえば、イングランド支配の長かったボルドー周辺の人たちには、およそフランスなどはどうでもよかった。それが、一四五三年十月の激しい戦いの後にイングランド軍から解放されると、しだいにフランスのうちに一体化されていく。今日、ボルドー・ワインのないフランスなど、だれがイメージできるだろうか？

一四二九年五月、ロレーヌの片田舎からやってきた少女に率いられた烏合の衆は、心をあわせて戦い、オルレアンを解放し、「フランス人の軍隊」に新しい可能性を開いた。ジャンヌは、フランスの国民的統合の最初の象徴としての役割を果たし、ジャンヌに助けられて王となったシャルルは、ジャンヌの播いた種を育てて、国民国家フランスの礎《いしずえ》を築いた。

シャルル7世が、その後三〇年あまりにわたって、知略と政略を駆使して築き上げた中央集権的な官僚や軍隊や財政のシステムは、いまだプリミティヴな側面を残すが、この後ルイ14世の絶対王政とフランス革命を経て、現在のフランスに受け継がれる。息子のルイ11世と孫のシャルル8世が彼の路線を受け継いで、ブルゴーニュ公国とプロヴァンス伯領をフランスに組み込むと、その後、フランスの国境には大きな変化が生ずることがなくなった。

「フランスは、いつからフランスになったのか？」という問に答えることは難しいが、「フランスは、いつから国民国家となったか？」と問われれば、「それはシャルル7世の時代からである」と答えても、大きな間違いではない。

第一章　狂気の王と不実な母

1　みにくい王子の誕生

シャルルは、みにくい王子だった。

ルーヴル美術館を飾る歴代の王たちの肖像のなかで、フーケの描くシャルル7世像（図3）は、異彩を放っている。そこには生気というものがまるで感じられない。たるみきった瞼の奥の疑りぶかそうな小さな目。不機嫌そうに結ばれた唇。放埒な生活にただれた赤い鼻。

おそらく五十代にさしかかっていた王は、人生に疲れ、その苦い思いにじっと耐えながら、暗い行く先を見据えているかのようにみえる。

図3　シャルル7世の肖像

ジャン・フーケによるシャルル7世の肖像。長い間ブルジュのサント・シャペル教会が所有していたが、ルイ15世の時代にルーヴル宮に移管された。フーケは、後に宮廷画家としてシャルルの息子ルイ11世に仕えた。

シャルルは、一四〇三年二月二二日、パリのサン・ポル館で生まれた。彼の生まれた時の様子は、当時の会計簿に克明に記された購入品のリスト、アイルランド製の木の揺りかご、シーツ、帽子、金の鹿皮の小さな財布などによってよくわかる。

ジャンヌ・ド・メニルという差配女のもとで、子守と乳母と女中が働き、シャルルの世話をした。洗礼の代父は大元帥のシャルル・アルベールとリュリユー伯、代母はジャンヌ・ド・リュクサンブールだった。

ドーヴァー海峡にほど近い、小さなポンティユ伯領を与えられたシャルルは、父シャルル6世と母イザボー・ド・バヴィエールの間に生まれた、なんと十一番目の子供であり、華奢《きゃしゃ》で足がよわく、兄たちのように強健な体に恵まれてはいなかった。

図4　1350年頃に描かれた作者不詳のジャン2世肖像

父と同じシャルルという名前を与えられたが、これもまったくの偶然で、同じシャルルの名を与えられた長男、次男があいついで早世し、残された兄のルイ、そしてジャンの後に彼がやってきたからに過ぎない。

王家にとって幸いなことには、兄のルイとジャンはともに聡明で、すくすくと育ち、シャルルの将来に王権が舞いこもうなどとは、誰ひ

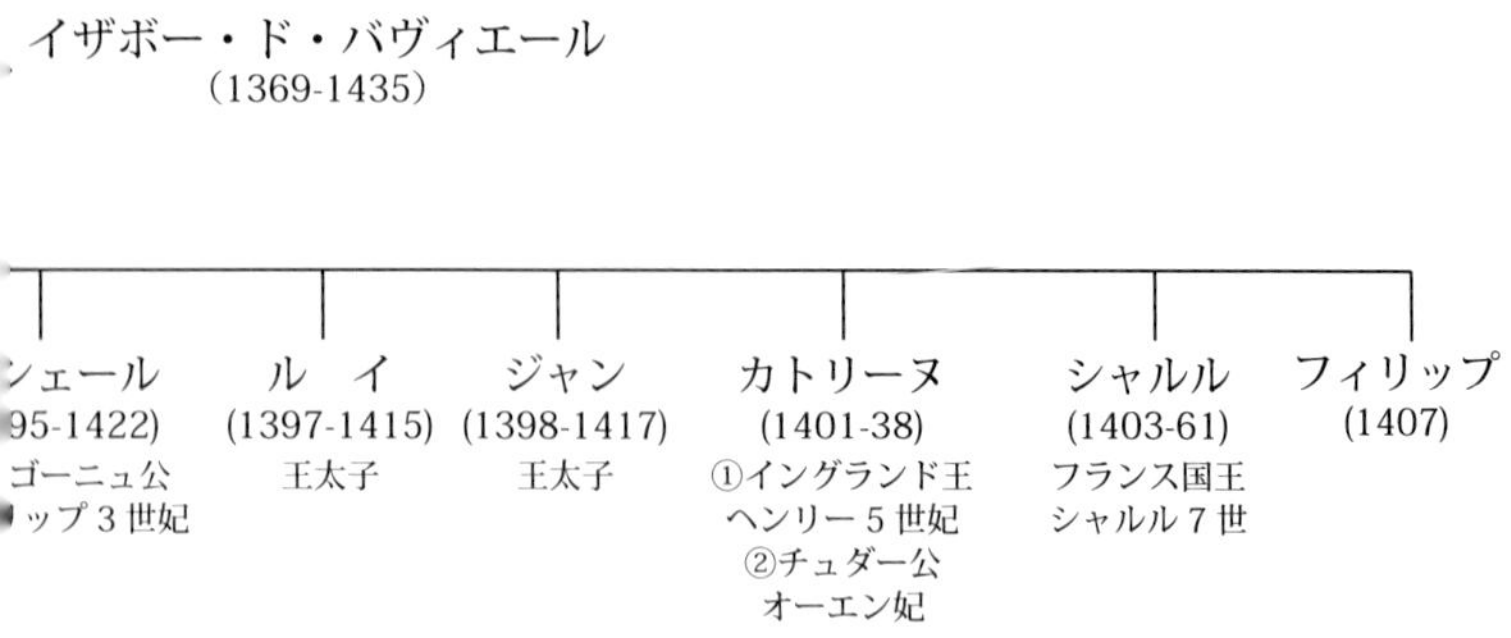

図5　シャルル7世の系図

とり、予測も期待もしていなかった。

しかし彼は、人生の偶然の連鎖のなかで、ある日突然に王位を拾い、三八年余にわたってフランスを治めることになる。

あのアンデルセンの「みにくいアヒルの子」が、ある日、立派な白鳥に変身したように、みにくい王子シャルルは、名君シャルル7世に変わるのである。

2　三代目のシャルル

シャルル7世は、祖父シャルル5世（1364–80）、父シャルル6世（1380–1422）につづくヴァロワ朝三代目のシャルルだった。祖父のシャルル5世は、「かしこい王様」と呼ばれた名君中の名君で、ある意味で孫のシャルル7世とよく似た人生をたどった。

シャルル5世の父ジャン2世（1350–1364）は「おひとよしの王様」と呼ばれ、のんきに騎士道精神をつらぬいた武将であったといってよい。一三五五年、あのブラック・プリンス、

フランス国王シャルル6世
（1368-1422）

- シャルル（1386）王太子
- ジャンヌ（1386-90）
- イザベル（1389-1409）①イングランド王リチャード2世妃 ②オルレアン公シャルル妃
- ジャンヌ（1391-1433）ブルターニュ公ジャン5世妃
- シャルル（1392-1401）王太子
- マリ（1393-1438）修道女

エドワードが、ボルドーを中心するアキテーヌ地方に侵攻してくると、正面から戦いをいどみ、ポワティエで大敗を喫し、捕虜となった。

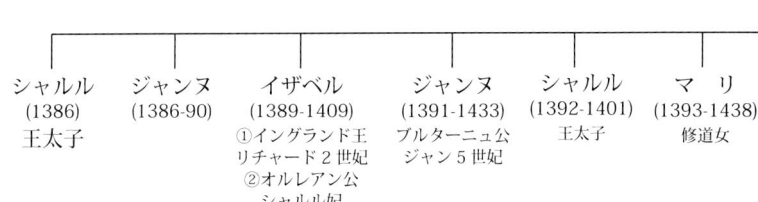

　国王が捕虜になったときは三部会が招集され、税が課されるきまりとなってはいたが、この時のイングランドとの間で取り決められた身代金三百万エキュは想像を絶する高額で、当時流通していた王座のエキュ（図6）に換算すると、金貨一三・六トンに相当する。幸か不幸か、王は一三六四年にロンドンで客死し、身代金は全額支払われることはなかったが、フランスの財政に重くのしかかり、息子シャルル5世は、その重みに苦しんだ。

　しかし彼は、このピンチをチャンスにかえる才覚をもっていた。まず彼は税制改革を行ない、それまで場当たり的に徴収されていた税を恒常化し、タイユ（人頭税・直接税）、エード（消費税・間接税）、ガベル（塩税・間接税）を国税の柱として位置づけた。この改革は、日本の消費税問題と同じく、たいへん評判が悪く、抵抗と反乱をまねいたが、これによって、それまでわずかな国王支配地にかぎられていた徴税範囲がフランス全域に拡大し、安定

図 6　王座のエキュ

ジャン 2 世の父、フィリップ 6 世の発行した
4.52 グラムの金貨は「王座のエキュ」と呼ばれる。

収入確保の道がひらかれた。

つぎに手をつけたのが、貨幣の質の維持である。中世フランスでは、聖王ルイ（1226–1270）以来、貨幣改革が進められてきたが、貨幣の品質を落とすことで得られる一時的な利益に目がくらんだ歴代の王たちは、改悪につぐ改悪を繰り返し、債務の支払いにあてていた。とくにシャルルの父「おひとよしの王様」ジャンの時代の一三五五年から一三六〇年のわずか六年のあいだには、なんと五一回も改鋳が行なわれたのである。

貨幣の品質低下は、当然の帰結としてインフレをもたらし、投資や企業活動を停滞させ、結果的にフランス経済は低迷し、国は新たな借金を背負いこむ。この悪循環をたちきるために、シャルル 5 世は、聖王ルイに匹敵する貨幣改革を行ない、金銀比率の高い通貨を鋳造し、悪貨の流通を禁止した。

この政策も、庶民のレベルではたいへん評判がわるく、旧通貨の流通をたすける役人の不正もあいついだが、長期的にはフランス経済の信頼を回復し、国政を安定させる道を開いた。

三番目にシャルルが行なったのが、軍隊の改革である。

フランス中世の軍隊は、よく知られるように、王と騎士とのあいだの契約によって成り立っていた。王が騎士に土地をあたえ、国に戦いが迫ったときには、騎士が従者をつれて馳せ参じるという関係である。しかし、多くの騎士道物語を生んだこの麗しい絆も、百年戦争の時代には遠い夢物語になっていた。

戦争が大規模化するにしたがって、恐れを知らぬプロの戦士集団である傭兵に頼ることが常識になりつつあったのである。

ところが傭兵は、戦争のある間は国王の軍隊として活躍し実入りのよい生活ができても、戦争が終わると失業する。失業すれば、食いつなぐために野盗化するほかなかった。国王の側も、きちんとした税収がないから常備軍を雇う余裕がなく、野盗の横行を防ぐことができなかった。

シャルルはこの難題を解決するために、はじめて税金をつかって常設の軍隊を雇い入れた。その数はもちろん十分とはいえなかったが、いざことあるときは先陣をきって戦い、無頼の傭兵集団の暴走をおさえ、大きな力を発揮したのである。この常備軍は、戦争が終わったあとにも、野盗化した傭兵を退治し、平和の維持に貢献した。

一三七六年、宿敵ブラック・プリンス（図7）がようやく死ぬ。満を持して、このときを待っていたシャルル5世は、ためこんだ税金と軍隊を使い、イングランドの支配をカレー、ボルドーなどの海辺の都市とその周辺に追いこみ、戦争をほとんど終結させた（図8）。

この状態が定着すれば、百年戦争は、五十年戦争どころか四十年戦争で済んだはずだった。勢いに

図 7　写本挿絵に描かれたイングランド王エドワード 3 世（左）とその長子

彼は黒色の鎧を愛用したので「ブラック・プリンス」と呼ばれた。自身は王位につくことはなかったが、次男がリチャード 2 世として即位した。

乗るシャルル5世は、有能な官僚を選任し、さらに中央集権を推し進め、その足元をかためた。

シャルルの三人の弟たち、アンジュー公のルイ、ベリー公のジャン、ブルゴーニュ公のフィリップ、そして妻の兄であるブルボン公ルイは、シャルル5世を支えて、よく戦い、よく国を治めた。

3　父の病

シャルル5世の遺言

一三八〇年九月十六日にシャルル5世が死に、長男シャルル6世は十二歳で王になる。

「かしこい王様」シャルル5世は、死に臨んで、熟慮のうえ、幼い息子シャルル6世のためにいくつかのルールをつくり、権力の継承を万全なものにしようとした。

ルールの第一は、王子の成人を十四歳とした事である。シャルル5世は、摂政としてアンジュー公ルイをえらび、王国の統治と軍事を委ねた。

第二に、ブルゴーニュ公フィリップとブルボン公ルイを王太子の後見とし、パリの統治とノルマンディとムランの統治をあずけた。

第三に、叔父たちのもとに十二名からなる顧問会議をおき、これまでシャルル5世を支えてきた官僚たちを配置した。

シャルル5世は、この万全の布陣のもとで、百戦錬磨の弟たちが互いに牽制しあい、支えあい、老

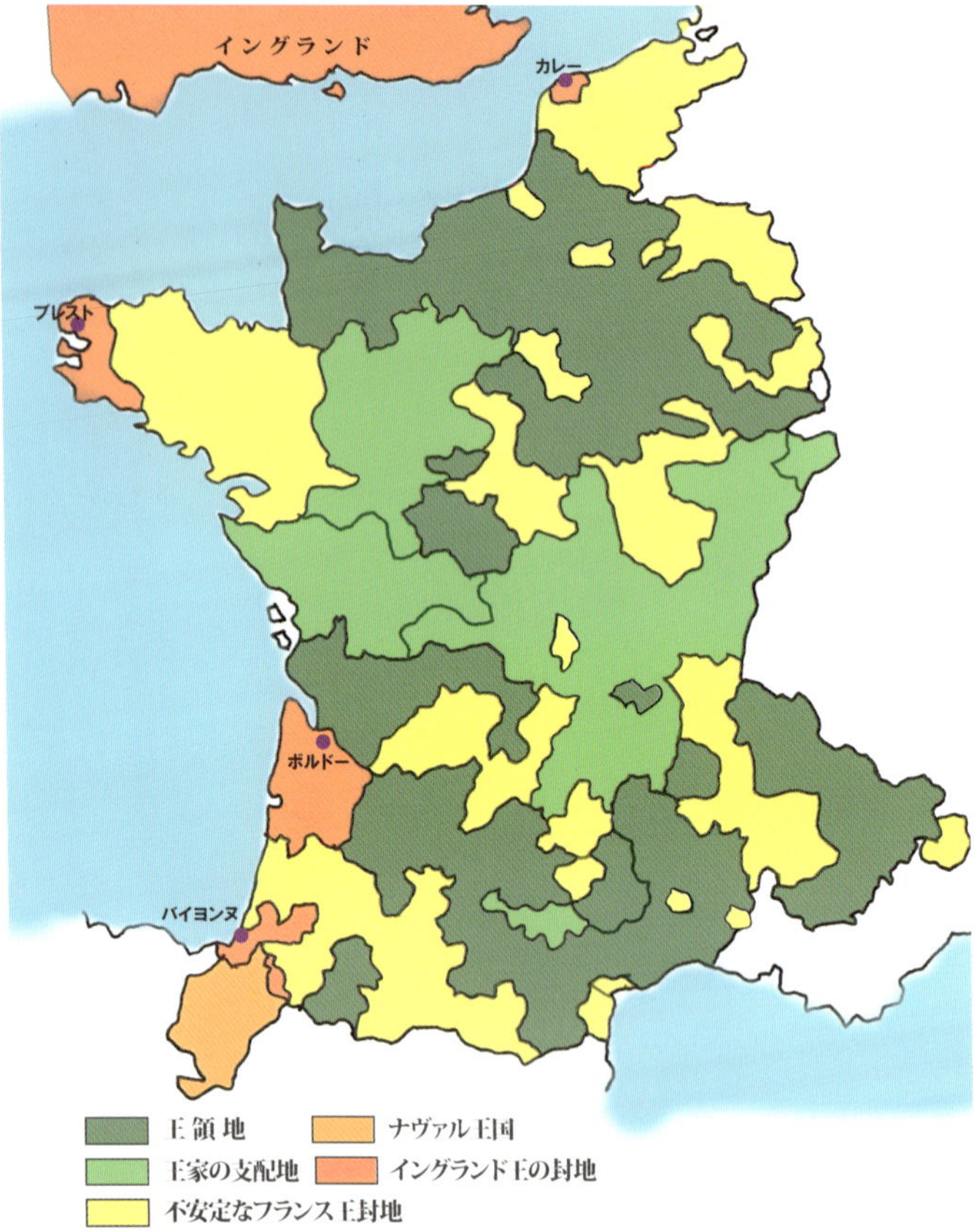

図 8　シャルル 5 世が死去した 1380 年のフランス

イングランドはボルドーなどの港町周辺に追いこまれ、フランス王の直轄地は拡大し、他を圧倒した。

練な官僚とともに国を治めていくことを期待したのである。

しかし、四人の叔父たちはこの遺言を守らなかった。彼らは拡大顧問会議を開いて、ただちにシャルル6世を即位させることにした。幼少の王に大きな権限を与え、実際は自分たちの言うなりにしようと謀ったのである。

一三八〇年十一月三日、シャルル6世はランスで戴冠した。十二歳にまだ手の届かない、幼い王の誕生である。

パリ市民は叔父たちを嫌っていたが、あの税制改革を担ったシャルル5世の官僚たちをもっと嫌っていた。四人の叔父はこの時とばかり、シャルル5世の体制を支えた官僚たちの首をつぎつぎにすげかえ、自分たちに都合のいい連中を顧問会議に引きこんだ。

アンジュー公ルイは、十二名の顧問会議を主宰する権利を手に入れた。ブルゴーニュ公とブルボン公は、王の後見の地位を強化した。

しかし、この過程で一番大きな利益を得たのは、おそらくベリー公ジャンである。ジャンは、国政から手を引くかわりに、南仏ラングドックとギュイエンヌの統治権を手に入れた。すでに手にしているベリー、ポワトー、オーベルニュをこれに加えると、じつにフランスの三分の一の統治権を手に入れたことになる。

シャルル5世のもう一つの失敗

幼いシャルル6世の足元を揺るがせた問題は、叔父たちの専横だけではなかった。大きな災いの種は、じつは、父シャルル5世によってまかれた税の問題だった。

父ジャン2世の莫大な身代金を支払うことからはじめたシャルル5世は、さまざまな租税を導入し、国家の財政を立て直した。しかし、死に臨み、生涯をふりかえった彼は、この重税政策を後悔し、魂の救いをもとめて、なんとその破棄を約束してしまったのである。

しかし、国家の財政は、当のシャルルがよく理解していたように、恒常的な課税なしには立ち行かない状態になっていた。そのうえ、四人の叔父たちは欲深かった。彼らは、当初こそ先王の約束を守るふりをしたが、ただちにそれを撤回した。

図9　「フランス大年代記」に描かれた1355年の三部会

司教と貴族と市民の代表が王を取り囲む。「フランス大年代記」は歴代フランス王の勲功を語る目的で作成され、多くの挿絵がフーケによって描かれた。

しかし、いったん租税撤廃の夢をみた民衆は、やすやすとは引き下がらない。

一三八〇年十一月十五日、まずパリ市民が税の撤廃をもとめて立ち上がった。

顧問会議は翌十六日、直接、間接のすべての税の撤廃を約束する。反乱はさらに続き、金融業にたずさわっていたユダヤ人の排斥をもとめ、家や借金の証文を焼き払い、収税吏を襲った。

この手の騒ぎが、フランス各地で続発した。

叔父たちは各地で三部会を招集し、さまざまな理由をもうけて課税に関する賛同をもとめたが、まったく埒があかなかった。たくさんの税金を払った民衆は、「亡くなったシャルル5世は、たくさんの財産を備蓄しており、それが十分にシャルル6世を支えることができるはずだ」という埋蔵金伝説を信じこんでいたのである。

ブルゴーニュ公家の台頭とシャルル6世の結婚

こうした混乱のなかで、フランスは二つの方向にむかって動き始める。

一つは、地中海にむかうアンジュー公ルイの動きである。

アンジュー公ルイは、シャルル5世が死ぬ少しまえの一三七九年に、イタリア南部の政争のおこぼれを拾って、遠縁のナポリ女王ジャンヌの養子になった。彼は、この縁組によって地中海進出の手がかりをつかみ、ナポリだけでなく、プロヴァンス伯領の継承権を手に入れたのである（図10）。

ルイは王になり、地中海を制することに夢中になった。

兄が死ぬと、彼はさまざまの名目で課税を重ね、フランスの資金をかきあつめるとナポリに軍をすすめ、力ずくで王として即位する。一三八二年のことである。

しかし、戦争には金がかかる。まして異国のことである。ルイは、長引く戦いのなかで戦費を使

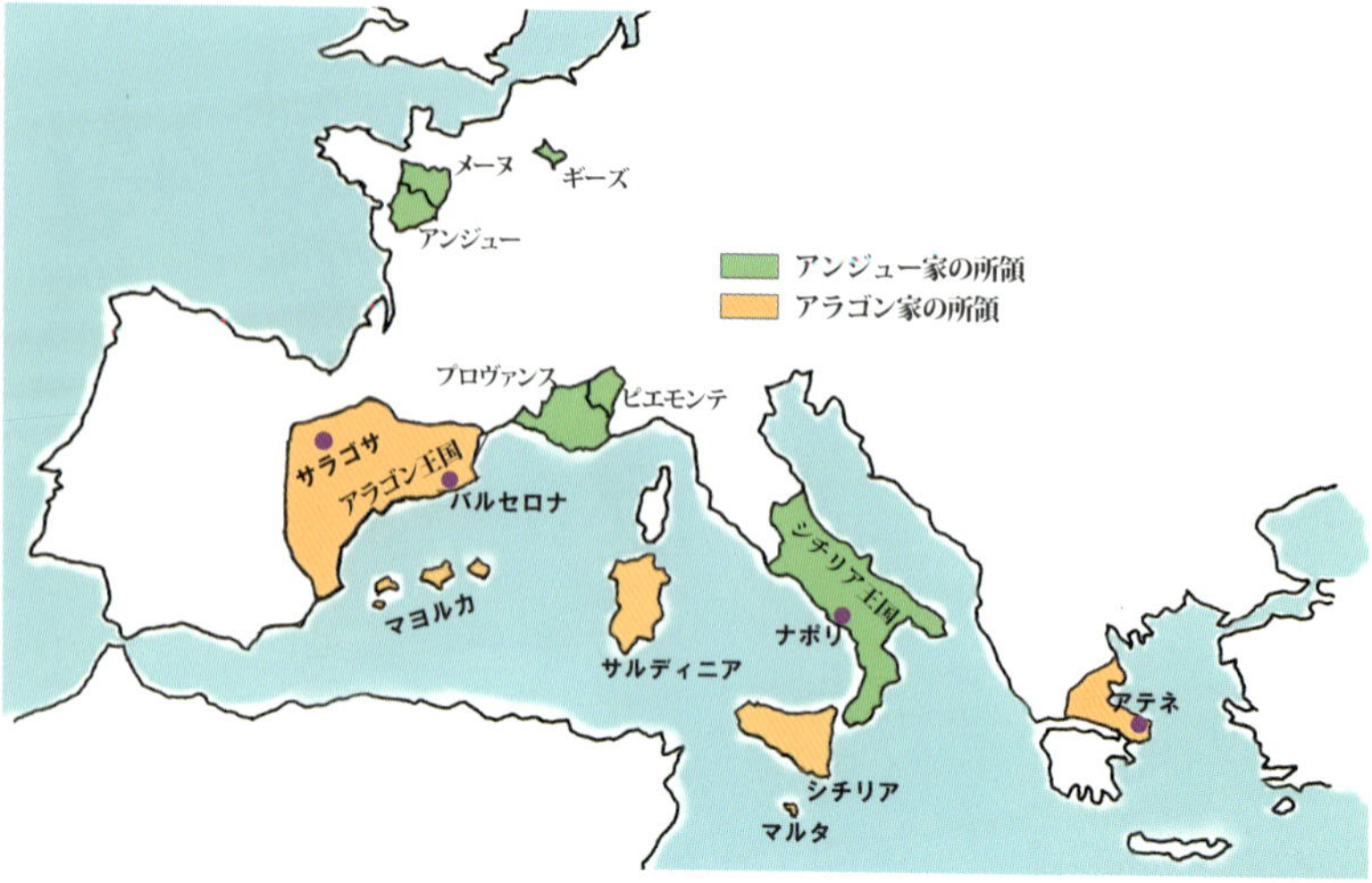

図 10　1400 年の地中海勢力図

茶色がアラゴン王家、緑がアンジュー家の支配地

い果たし、せっかく用意したナポリ王の王冠や、所持した宝石類を売りつくしたうえで、一三八四年九月二一日、バーリで戦死する。

こうして、アンジュー公ルイの無謀な試みは挫折したようにみえるが、どっこい、その死はまんざら犬死ではなかった。

彼には賢い妻マリ・ド・ブロワがいた。彼女は、無謀な夫ルイの遠征費を調達したばかりか、残された息子アンジュー公ルイ2世を支え、プロヴァンスの経営に乗り出していく。

プロヴァンスは、今日でこそフランスの一地方だが、当時は神聖ローマ帝国と深い関わりをもつプロヴァンス伯領であり、独立王国の風をそなえていた。これがフランス領となるのにはシャルル7世の孫、シャルル8世の治世を待たなければならない。

アンジュー公ルイは見果てぬ夢のかけらと

して、思いもかけず、豊かなプロヴァンスをフランスの所領とする大切な布石をうったのである。
フランスが向かったもう一つの方向は、北部フランドルである（図11）。

ブリュージュ（ブルッヘ）やガン（ヘント）をはじめ多くの自由都市を擁した当時のフランドルは、織物を中心とした交易でさかえた、北方ルネッサンスの中心地であったが、こちらもフランスとは微妙な関係にあった。

すぐれた技術をもち、財力を蓄えた民衆は、力も強く、独立と自由をもとめる反乱がたえなかった。彼らはフランスのみに頼らず、羊毛の輸入と織物の輸出によって結ばれたイングランドやドイツ、さらにはスペイン、イタリアとも独自の関係を維持し、複雑な国際関係をあやつりながら、均衡をたもっていた。

この先進地域をおさえることは、「かしこい王様」シャルル5世以来の課題だった。

兄シャルルの深謀遠慮がみのって、フランドル伯の娘マルグリットと結ばれていたブルゴーニュ公フィリップは、一三八四年一月三〇日、義父が死ぬとフランドル伯領を継承する。

兄に似て賢明なフィリップは、この地方につよい経済的影響力を維持するイングランドを牽制するために、神聖ローマ帝国の一方の旗頭、バヴァリア（バイエルン）公家との縁談を進めていた。

当時、バヴァリア公家は四つの家系に分かれ、バヴァリア、エノー、低パラチナ、オランダなど広い地域を支配していた。

ブルゴーニュ公フィリップは、まずエノーとオランダを領有するバヴァリア公アルベール1世の娘

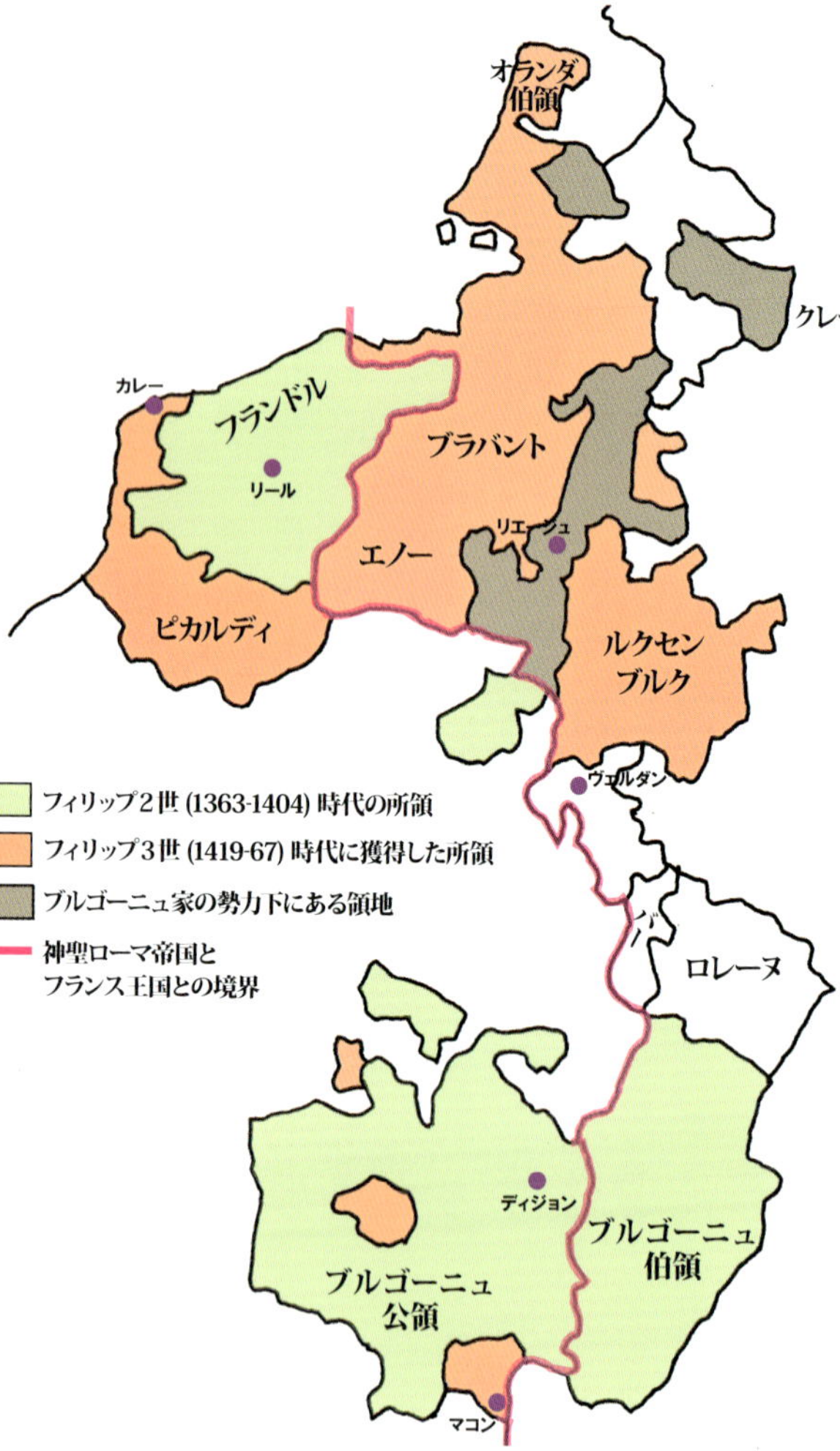

図 11　ブルゴーニュ公国の版図

ブルゴーニュ公フィリップ２世が手に入れたフランドルを、息子のジャンと孫のフィリップ３世が守り、強大な勢力に育てあげていく。

を長男ジャンの妻に迎え、その息子に娘マルグリットを嫁がせて、強い絆を結んだ。

さらにブルゴーニュ公が狙ったのが、バヴァリア公家のもうひとつの有力な家系インゴルシュタット家の娘イザボーと、甥シャルル6世との結婚である。

一三八五年七月十七日にアミアンで、十五歳のシャルル6世は、十四歳のイザボー・ド・バヴィエールと出会い、結婚する。イザボーは、小柄だが健康で美しかった。この娘がすっかり気に入ったシャルルは、叔父フィリップの権謀術数を気にもとめず、彼女を娶った（図12）。

図12　イザボーのパリ入城

1389年8月、イザボーは初めてパリの土を踏む。シャルルとの結婚から実に4年を経ていた。この入城は、パリ市民の熱狂のうちに執り行なわれ、多くのパレードや見世物が彩りを添えた。「フロワサール年代記」の挿絵より。

二十歳の宣言

ブルゴーニュ公フィリップはその一方で、当時のイングランド政治の乱れに乗じてイングランド本土への攻撃を画策していた。一三八六年には、北フランスの港に多くの船と兵をあつめ、八月にはシャルル6世も待機した。

しかしここで思わぬ足並みの乱れが生じる。

兄ベリー公ジャンが難色を示したのである。ジャンにしてみれば、フランス優位のうちに安定を示している対イングランド関係に、わざわざ手を出す理由はない。税金問題でもめる南仏ラングドックを無事に治めるほうが先決である。そこで彼は、わざとゆっくり行動して十月半ばにやっと参戦した。英仏海峡の冬は厳しい。季節は攻撃に不利になりはじめたので、開戦は翌年の春にもちこされた。そして、ベリー公の計算通り、フランス国軍内部に主導権あらそいが生まれ、イングランド攻撃は中止された。

叔父たちの権力争いと、その帰趨をみきわめていたシャルルは、父親ゆずりの鋭敏な知性を備えていた。彼は慎重に準備をすすめ、叔父たちの意表をつき、一三八八年十一月三日に、ランスで親政を宣言する。

二十歳を間近にひかえたその頃のシャルルを、サン・ドニの修道士はこう記述している。

「背丈は高くなかったが、がっしりとしていて、よく食べ、健康で美しい顔つきをしていた。色白で、顎には感じのいい髭をたくわえ、敏捷そうな目と形のよい鼻をもち、髪はブロンドだった。広く寛大な心をもち、人の言葉をよく聞き、身分の低い者とも気軽に交わった。礼儀正しく、相手の名前をきちんと呼び、生涯にわたってこうした態度で人々と交わったので、その後たびたび襲った不幸にもかかわらず、民衆の愛情を失うことはなかった」（図13）。

図 13　シャルル 6 世とイザボー

ベリー公の館の暖炉を飾る 20 歳のシャルル 6 世と 18 歳のイザボーの像。ベリー公は、すぐれた彫刻家をブルジュの町に招き、多くの館や教会の装飾を依頼した。

シャルルは親政を宣言すると、電光石火の早業で、自身の選んだ官僚たちに要職を与え、弟のルイに王を補佐する大きな権限を与えた。シャルル5世時代の政治を復活させたのである。王の親政が確立すれば、摂政や後見の必要はなく、王領の支配も王の手に一元化される。

権力の座についたシャルル6世がまず目をむけたのが、南仏と地中海である。

一三八九年九月、ベリー公ジャンがしぶしぶラングドック執政を辞任すると、この年の冬から翌年春にかけて、弟ルイ、ブルボン公ルイ、大元帥クリッソンをともなって、ラングドックに赴く。

その目的は、二つあった。

一つは、アヴィニヨンの教皇クレメンス7世の要請に応えることである。当時、教会はローマとアヴィニヨンに二人の教皇をいただく「教会大分裂」のさなかにあった。フランスの支持が必要なアヴィニヨンのクレメンス7世は、ローマのウルバヌス6世との対抗上、北部イタリアをシャルルに与えると約束したのである。

北イタリアが手に入れば、南イタリアのナポリ王国とあわせて、イタリア全土がフランスの支配下にくだる。しかも、王の弟ルイは北部ロンバルディアを支配するガレアス・ヴィスコンティの娘ヴァレンティーヌと結婚したばかりであった。

十四世紀のイタリアはヨーロッパ文明の最先端であり、ミラノ、ヴェネチア、フィレンツェ、ジェノヴァをはじめとする都市の政治と経済は圧倒的な力を有していた。その全土を支配するなどということは、誰がみても、ただの夢物語にすぎない。

しかし、二人の間には、「まずクレメンス7世が、新しいアンジュー公ルイ2世にナポリ王の王冠を与え、つぎにシャルル6世がクレメンス7世をたすけてローマにむかい、教皇庁を統一し、王弟ルイが北イタリア王に即位する」という、とんでもない約束が交わされた。そして、わずか十一歳のアンジュー公ルイ2世は、じっさいにナポリをふくむシチリア王として即位したのである。

アヴィニヨンでの難しい交渉を終えたシャルルは、ただちにつぎの目的に着手した。それは、長年にわたって執政アンジュー公とベリー公の手にあったラングドックの王領としての支配を固め直し、収入を確保することである。

シャルルはラングドックの主要都市、ニーム、モンペリエ、ベジエ、ナルボンヌに滞在し、各地で民衆の不満を聞き、十一月二十九日にトゥールーズに入ると、民衆の怨嗟の的となっていたベリー公の重臣ベティサックの裁判を行なった。

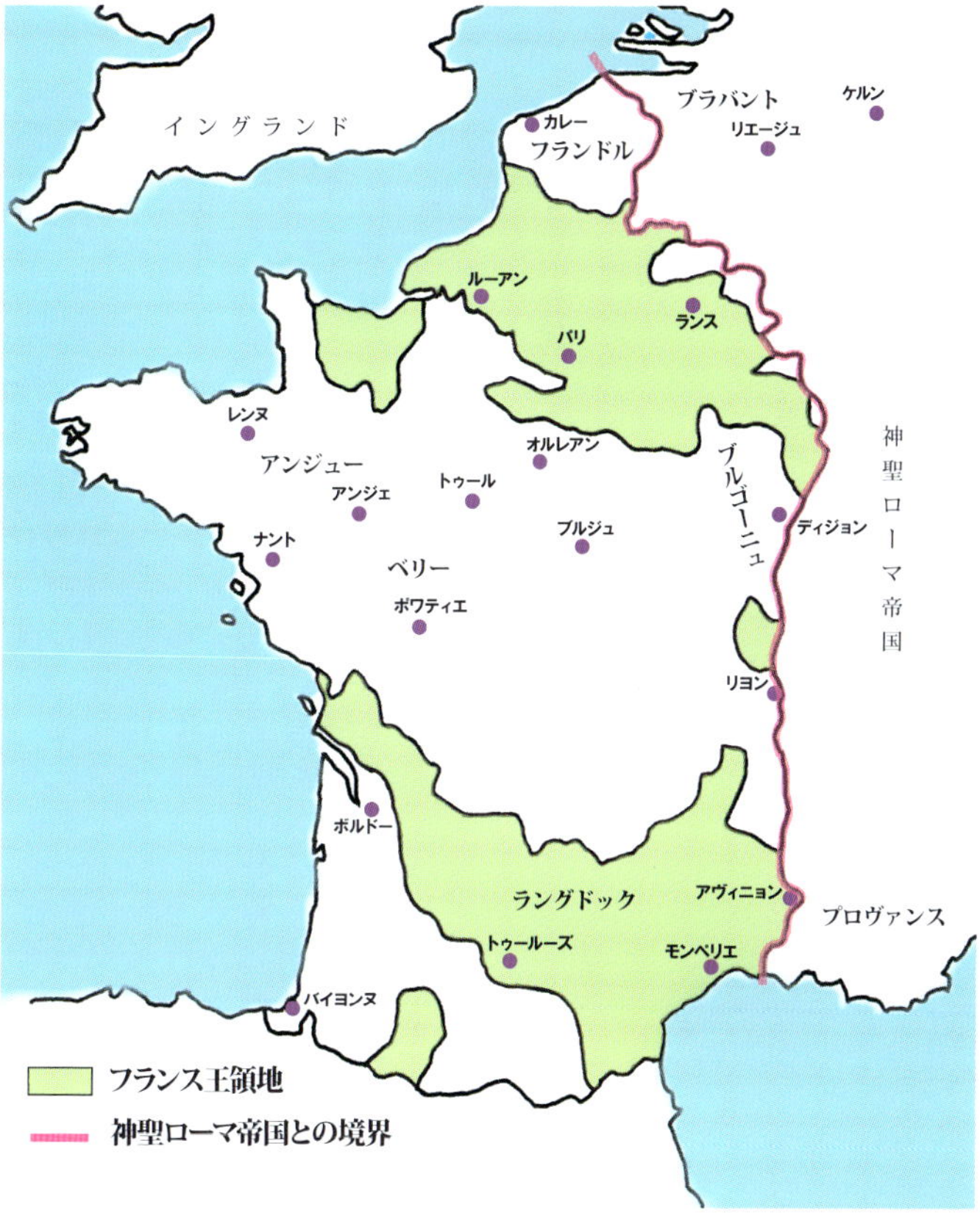

図 14　14 世紀初頭のフランス王領

下部が南仏ラングドック。

ベリー公の片腕として長年にわたりラングドックを治めながら、自らも大きな富を蓄積していたベティサックは、さまざまの不正を自供しはしたが、そのすべてはベリー公の命令によるものだと主張した。

ベリー公を裁くことは、もちろんできない。

結局、ベティサックの世俗の罪は灰色のまま捨て置かれ、男色などの異端の罪で教会の裁判に付されて、火刑に処すことで決着した。

「異端」宣告と「火刑」は、宗教問題にことよせて争点をずらし、直接攻撃のむずかしい政敵をたおす常套手段だったのである。

シャルル6世の発病

一三八八年の親政宣言以来、官僚たちは力をとりもどし、若いシャルル6世と弟のルイに率いられたフランスは、順調に中央集権への道を歩みはじめているように見えた。事実、財政は安定し、叔父たちの支配は後退しつつあった。

しかし、ここに思わぬ事態が発生する。一三九二年の夏、シャルルが突然、狂気の発作に襲われたのである。

きっかけはブルターニュ遠征だった。

一三九二年六月十四日の夜、大元帥クリッソンが奸臣ピエール・ド・クランに襲われ、重傷をおった。クリッソンを快く思わないブルターニュ公の差し金であったものと思われる。暗殺に失敗したピエール・ド・クランはブルターニュ公のもとに逃げこみ、ブルターニュ公は、シャルル6世の要請にもかかわらず、ピエール・ド・クランの引渡しを拒否した。

シャルル6世は、フランス軍を率いてブルターニュ公の追討にむかった。

フランス王家と微妙な距離を維持するブルターニュをフランスの支配下におくことは、シャルル5世以来のフランスの課題であったから、これは久しい以前から慎重に準備された戦略の一部であったといってもよい。ところが、そこに悲劇がかくされていた。

一三九二年八月三日の正午ちかく、シャルルがル・マンの森にさしかかったとき、突然、白いコートを着た隠者のような男が飛び出した。

男は、王の乗った馬のたづなをつかみ「王よ、どこへ行くか。引き返せ、裏切りだ。あなたを敵の手に引き渡そうとする者がいる」と叫んだという。

シャルル6世はこれに動じる様子もなく森を抜け、つよい陽ざしのなかを歩み続けた。ところが、王に従う二人の小姓の一人が、誤って槍をとりおとし、それがもう一人の兜にあたった。

これを合図にしたように、シャルルは剣を抜き、誰かれとなくかまわず切りつけた。供の者は、落馬したり傷ついたり、なかには命を落とす者もあった。

やがて王は力つき取り押さえられたが、意識を失い、叔父たちが近よっても見分けることもできなかった（図15）。

図 15　シャルル 6 世の発病

この「ル・マンの森におけるシャルル 6 世の狂気」は、19 世紀の彫刻家アントワーヌ＝ルイ・バリーの作。この彫刻は、革命後にも、シャルル 6 世の狂気がフランスの悲劇として記憶されていたことをよく示している。

ブルターニュ遠征はこれで中止となり、一行はパリに引き返した。発作は四日ほどでおさまり、三週間ほどで回復し、シャルルは、凶行の赦しと病の回復をもとめてシャルトルに巡礼を行なったが、もはや国政を担う状態にはなかった。

シャルルの発作は、その後も間歇的に繰り返された。

正常なときはもとの英明な君主にもどり、正しい判断を下したが、狂気の時は手がつけられない。

となると、問題は王の狂気のときに誰が国政を担当するかである。

王には、やはりシャルルという名の王太子（1392–1401）がいたが、まだ生まれたばかりだった。

さっそく一三九三年一月、万一シャルル6世が死亡した場合には王妃イザボーが王太子を後見し、王弟ルイが執政となるという勅令が発せられたが、それではおさまらない。

国の統治をめぐって、王妃イザボー、王弟ルイ、そして四人の叔父たちのあいだに複雑な駆け引きがはじまった。

賢く老練な叔父たちは、この機会をとらえて、失った特権をとりもどすことにつとめた。ブルゴーニュ公は王の後見に返り咲き、ベリー公はラングドックの執政の地位を回復した。叔父たちが次に行なったのは、シャルル6世の側近の追放である。すべては振り出しにもどったのである。

王がいっそル・マンで事故死してしまったのなら、まだ始末がよかった。王には賢い弟ルイがおり、政権はそれなりの安定に向かったにちがいない。

しかし、王は長く生きながらえ、ある時は狂気に陥り、ある時は賢明な「病の王」として振舞うという、最悪の事態が繰り返された。

そのつど、摂政や執政や後見が入れ替わり、官僚の首がとび、誰も最終的な責任を負うことのできない中途半端な状態が、以後じつに三〇年にわたって続いたのである。

4　不実な母と王弟ルイの戦略

シャルル7世の誕生

イザボーとシャルル6世の結婚は、当然のことながら政略結婚であった。しかし、シャルルがイザボーとの結婚をただの政略的な道具とみていなかったことは、シャルルが結婚に際して、領地や金をいっさい求めなかったことからも推測される。イザボーは美しく魅力的な女だった。

二人の間には、一三八六年に誕生し早世したシャルルを筆頭に、一四〇七年誕生のフィリップまで十二人の子供があり、一三九二年の発病の後にも、なんと七人の子供が生まれている。シャルル7世は、じつに十一番目の子供である（図5の系図を参照）。

後世のイザボーの評判は、「エゴイストで、贅沢な生活に明け暮れ、スキャンダルにまみれた」とたいへんよくないが、実態はかなり違った。

もしシャルルがあのような狂気に陥らず、すぐれた王として生涯をまっとうしていれば、彼女もまた穏やかな一生を送っていたはずである。

王妃イザボーは子供たちに囲まれて、彼らの健康や衣生活、食生活に心をくだいたと伝えられている。夫の狂気という思わぬ事態に巻き込まれ、政争の嵐に翻弄されたことが、彼女の一生を苦しいものにしたことは間違いない。

一四〇三年二月二二日、シャルル（7世）はパリのサン・ポル館で生まれた。彼は華奢で、兄のルイやジャンのように強健な体質ではなかった。彼の将来に王権が舞い込もうなどとは、当時は誰も予測もしていなかった。

ブルゴーニュ公と王弟ルイの対立の激化

王の発病以降、王国の政治は王妃イザボー、王弟ルイ、ブルゴーニュ公フィリップの三つの極をめぐって展開されたといってよい。

シャルル5世の残した四人の叔父のうち、アンジュー公ルイは戦死し、跡継ぎのルイ2世は幼かった。ベリー公のジャンは自領の経営にいそがしく、政争を避けて、むしろ調停役に徹していた。戦上手の母方の叔父ブルボン公は武人気質で、複雑な政局運営にはむいていなかった。

そうしたなかで、新しい権力の中心として頭角をあらわしたのが王弟のルイである。

王弟ルイはすでに二十歳を過ぎており、兄と同じく、父シャルル5世譲りの知略に富んでいた。しかし、彼の立場は複雑だった。

彼は王弟として、まず兄の政治を継承し、中央集権を強化しなければならなかった。彼の使命は、官僚たちと力をあわせて税制を強化し、国家の収入を安定させ、叔父たちをはじめとする大貴族の力をそぐことである。

しかしその一方で、ルイ自身もまた大貴族であり、与えられた所領を管理し、勢力を拡大しなければならない。そのためには資金を確保しなければならない。

ルイの所領の基盤はオルレアンであったが、しだいに北フランスに力を伸ばした。

賢い彼は、さらにブルゴーニュ公領に隣接するリュクサンブール伯領の継承にも手をのばしたので、叔父フィリップとの軋轢がいやがおうにも高まった。

二人はことごとに対立し、その争点は当然フランス一国にとどまらず、周囲の国々との関係に波及した。

当時のフランスが抱えていた国際問題は、大きくいって、①教会、②イングランド、③イタリア、

図 16　王弟ルイと仮装パーティーの悲劇

1393 年 1 月に開かれた仮装パーティーで、弟ルイの不注意から衣装に火が燃え移り、シャルル 6 世は九死に一生をえた。シャルルの狂気はこの事件によって悪化した。これは「フロワサール年代記」の挿絵である。

④神聖ローマ帝国の四つであるといってよい。

まず教会は、ローマとアヴィニヨンに二人の教皇をいただく「教会大分裂」のさなかにあった。

ブルゴーニュ公フィリップは、フランスの独自路線を貫こうとするパリ大学と協調して、アヴィニヨンのベネディクトス13世を排し、ローマのウルバヌス6世を支持した。これに対してルイはベネディクトス13世を支持し、その力をかりて北イタリアを制覇することを夢みていた。

第二のイングランドに対しては、ブルゴーニュ公は、自らの支配下にあるフランドル諸都市とイングランドとの通商関係を重視して、リチャード2世を蹴落としたヘンリー4世の即位に異を唱えない。これに対してルイは、フランス王女イザベルを妻としていたリチャード2世の立場を支持し、ヘンリーを簒奪者呼ばわりし、その王位を認めなかった。

第三のイタリア問題では、ブルゴーニュ公は、力ずくで北イタリアを支配するミラノ公ガレアス・ヴィスコンティに敵対しているが、ルイはそのガレアスの娘ヴァレンティーヌを妻とし、あわよくば北イタリア王の地位につこうとしている。

第四の神聖ローマ帝国問題では、ブルゴーニュ公は新しい皇帝バヴァリア公アルブレヒト2世を支持して、フランドル支配の安定をもとめているが、ルイは、廃位された皇帝ヴェンツェルを支持し、リュクサンブール公領に触手をのばしている。

こうした対立は、一四〇四年四月二七日にブルゴーニュ公フィリップが死ぬと、その息子ジャンとの間に持ち越された。

新しいブルゴーニュ公ジャンは、父の死後、公国の再編と父の残した膨大な借金の整理に追われ、一年以上も、パリの政治から距離をおいた。

この間に、王弟ルイはフランス北部ノルマンディとピカルディの執政となり、財政基盤をかため、領地を獲得し、さらには、イングランド王リチャード2世の死によって未亡人となったフランス王女イザベルと息子シャルルとの婚約をすすめた。この結婚も、もちろん金と権力のための政略によるものである。ルイはこの結婚によって、三十万フランとも五十万フランとも言われる婚資を王からせしめたといわれる。

図 17　ブルゴーニュ公ジャンとニコポリスの戦い

1371 年生まれのジャンは、1396 年、後の神聖ローマ帝国皇帝ジギスムントの要請で十字軍に出陣し、オスマントルコのバヤズィト 1 世と戦った。戦いに敗れて捕虜になったが、この戦いによって「怖れ知らずのジャン」と呼ばれ、勇名を馳せることとなった。「フロワサール年代記」の挿絵。

バヴァリア家から嫁いだ王妃イザボーは、実家のバヴァリア家とミラノ公ガレアスとの対立を理由に、当初は王弟ルイを憎んでいたが、頼りにしていたブルゴーニュ公フィリップの死とともに、小さな対立を捨てて、王弟ルイのもとに走り、その関係を深めていった。

新しいブルゴーニュ公ジャンは、フランスよりも、すでにブルゴーニュの人、フランドルの人であり、パリの文化から遠い無骨な武人で、イザボーにはなじめなかったのである。

ともに派手好みで、趣味の一致していたイザボーとルイの接近があまりに急速であったために、パリの市民たちは、ルイとイザボーの仲を噂し、ついにはルイがイザボーを子供たちとともに連れ出し、自領のリュクサンブールへ連れ去るのでは、と疑惑を深めた。

新しいブルゴーニュ公ジャンの登場と王弟ルイの暗殺

ジャンの父フィリップの死後、ブルゴーニュ公家の財政は危機に陥っていた。

賢いフィリップは、生前、シャルル6世の狂気を上手に利用して、国庫から年額十万リーブルから二十万リーブルの金を引き出していた。

しかし、フィリップの死とともに、この収入は四分の一程度に激減する。しかもフィリップは、その権力維持のために財力を傾け、大きな借金を抱えていた。

父親の残した借金の返済と収入の激減に直面し、財政に行きづまったジャンは、一四〇五年八月、強力な軍隊をともない、満を持してパリに向かった。

この時ジャンが掲げた旗印が「改革」である。それは、一言でいえば、官僚の腐敗をあばき、税金の無駄遣いを摘発し、不必要な課税を撤廃することである。どこか日本の「経済改革」と似ているが、やはり民衆の支持を得るにはこれが一番の近道である。

この「改革」は、じつはブルゴーニュ公家のお家芸で、父親のフィリップもことあるごとにこの手を使ってきた。ジャンは父親譲りの戦略を、こわもてのする武力がらみで実行に移したにすぎない。

パリに着いたジャンは、これも父親にならって、民衆の大好きなスキャンダルを利用した。たとえば「イザボーが贅沢な暮らしにふけって、子供の世話をみない」とか、「狂気の王が、垢にまみれて、風呂にもいれてもらえない」とか、「ルイがイタリアから迎えた妻のヴァランティーヌと組んで、黒魔術を使い、王の命を狙っている」とか、「役人の誰それが使い込みをして、巨額の富を築いた」とか、ありそうで、なさそうな噂が、ありとあらゆる手段を使って流布されたのである。

武力と民衆の人気を背景としたジャンと、王権を楯にとり、金にものをいわせるルイとの攻防は二年も続いた。その間、調停が何度も繰り返されたが、勝負の行く末はみえない。

しかし、最後はやはり金である。長引くパリ滞在は、フランドル人のジャンには高くついた。なれない都で、軍隊を養いつづけるのは容易ではない。

ルイがイングランドとの戦争の危機をあおり、国庫から湯水のように金を引き出しているのに、「改革」を唱えるジャンには、金を集める口実がない。ノートルダム教会からも、ブリュージュの商人からも金を借りたが、限界がある。ブルゴーニュ公家の財務担当が悲鳴をあげはじめた。

後がなくなったジャンは、一四〇七年十一月二十三日、ついに直接行動に出た。十二番目のフィリップを出産直後になくし、悲嘆にくれる三十八歳のイザボーを見舞った伊達男ルイ三十六歳を襲い、暗殺したのである（図18）。

暗殺の奇妙な結末

王の弟を大都会パリの路上で暗殺する。いかにジャンがフランス一の大貴族ブルゴーニュ家の棟梁でもこれは助かるまいと思うのだが、事件は意外な展開をみせる。

図 18　王弟ルイの暗殺
後年の写本挿絵から

はじめのうちこそ口をぬぐっていたジャンだが、三日もたつと叔父たちに罪を告白し、臆面もなく顧問会議に顔をだした。

あまりのことに叔父のベリー公が顧問会議を追い出すと、さっさとパリを出て、国に帰ってしまった。そして翌一四〇八年一月には自らの無実を宣言し、叔父たちの制止をものともせず、パリに帰還する。

およそ、現代の常識では考えられないことだが、このときジャンを支えたのは、圧倒的な武力と、パリの民衆、そしてパリ大学である。パリにジャンが入城すると、民衆は万歳を叫んで歓迎した。

じつはジャンには、もうひとつ大きな強みがあった。シャルル6世の長男、王太子ルイが一四〇四年八月三十日、わずか七歳で娘のマルグリットと結ばれていたことである。彼には、狂気の王と王太子の後見という立場があった。

三月八日にはサン・ポル館で、王太子ルイの臨席のもとに大集会が開かれ、パリ大学のジャン・プチが四時間にわたって、王弟ルイ暗殺の正当化を行なったのである。病の王は当然欠席である。

ジャン・プチによれば、王弟ルイは憎むべき独裁者であり、悪魔をつかって王に呪いをかけた異端の反逆者である。ルイはアヴィニヨンのクレメンス7世と組んで、王を廃位し、殺そうと考えていた、というのである。魔術、異端という常套手段がまたしても威力を発揮し、パリ大学はブルゴーニュ公ジャンの罪を正当化し、ついでにアヴィニヨンの教皇の追い落としをはかった。

ジャンはこの集会で暗殺の罪を赦されると、ふたたびパリの支配者として君臨しはじめる。彼は王弟ルイの支配下にあった官僚をつぎつぎと追放し、お膝元のリエージュで起こった反乱を平定し、着々と独裁者としての地位をかためていった。

この動きに対抗するために、王弟ルイの未亡人ヴァランティーヌと遺児シャルルも、パリ大学に反対する宗教勢力をまきこんで暗殺の非道を訴え、何度か抵抗を試みた。しかし、一四〇八年十二月にヴァランティーヌが死ぬと、対立は収束にむかう。

そして一四〇九年十二月、十二歳の王太子ルイが父シャルル不在の場合の摂政となり、ブルゴーニュ公ジャンが正式にその後見となった。

ジアン同盟の成立とカボシャンの乱

しかし、ブルゴーニュ公ジャンの専横もここまでだった。これまでなんども和解を演出してきたベリー公ジャンが、ブルボン、アランソン、クレルモン、ブルターニュの諸侯を、ロワール河に沿ったジアンの町にあつめ、王弟ルイの遺児シャルルを支えるジアン同盟を結成したのである。そして妻イザベルを失ったばかりの若いオルレアン公シャルルが、アルマニャック伯ベルナールの娘ボンヌと結婚し、ベルナールがこの同盟の盟主となった。

無頼で知られるガスコーニュ兵を束ねたアルマニャック伯は、ブルゴーニュ公ジャンに匹敵する強力な軍事力を有していたのである。

一四一〇年四月十八日に結ばれたこの同盟は、後に「アルマニャック党」と呼ばれることとなり、ブルゴーニュ

図19　ヴァランティーヌの死
ギゾーの『フランス史』挿絵に描かれたヴァランティーヌ。これ以降、対立は収束に向かう。

公率いる「ブルゴーニュ党」と激しく対立することになった。

ジアン同盟の結束は、いつものことながら弱かった。頼りのブルボン公は直後の八月に死んでしまうし、ブルターニュ公の腰はひけていた。

しかし、「アルマニャック党」の攻勢をおそれたブルゴーニュ公ジャンも、やりすぎた。

ジャンは、お得意の「改革」路線をさらに強化して、よせばいいのにシモン・カボッシュに率いられた市民層と手を組んだのである。彼らは、肉屋を中心とした比較的豊かな上・中流市民だったが、権力から遠ざけられ、不満をかかえていたのである。

カボシャンと呼ばれるその一党はジャンの思惑をこえて暴れまわり、パリ市長のピエール・デゼ

図 20　牛の屠殺

シモン・カボッシュ率いる肉屋仲間は、豊かな上・中流市民であったが、市政の中枢からは遠ざけられていた。彼らは、屠殺と解体の専門的な知識をもち、武器の扱いにも長じていた。15 世紀の写本「シャルル 7 世の夜の祈祷」の挿絵より。

サールを斬首し、サン・ポル館を襲って、イザボーの侍女たちを殺戮したり逮捕したりした。さらには、王宮に侵入し、王と王子を監禁し、「改革」の象徴である白い帽子をかぶらせるにいたった。

そして一四一三年五月二六日と二七日に、いわゆる「カボシャン勅令」の布告を強要したのである。この勅令はなんと二五九条におよび、ありとあらゆる要求を並べたてたものだが、その骨子はいつも通り、聖王ルイの黄金時代にもどることであり、贅沢と闘い、不正な蓄財を罰し、官僚の数を減らし、財政の透明性を高め、公平な社会を実現する改革だった。

この時の改革のスローガンは、やはり日本の「改革」と似ているが、とられた手段が強烈だった。カボシャンたちはなお数カ月にわたって猛威をふるい、アルマニャックに加担したと思われる富裕層をおそい、虐殺と略奪に歯止めがかからない。パリの市民たちもさすがにこの暴虐にはついてゆけず、八月には反対勢力が結束し、事態はやっと収拾にむかった。

ブルゴーニュ公ジャンは、この一連の不祥事でパリ市民から見放され、八月二三日にパリを離れる。そして、九月五日には「カボシャン勅令」も破棄された。

第二章　「よき母」ヨランドと「金持ちおじさん」のジャン

1　「よき母」ヨランド・ダラゴン

新しいブルゴーニュ公ジャンの登場と王弟ルイの暗殺

一四一三年五月、カボシャンたちがパリを占拠し、王宮に押し入り、略奪を繰り返していたとき、未来のシャルル7世は十歳だった。母とともに、サン・ポル館に押し入る暴徒たちを目の当たりにし、侍女たちの悲鳴を耳にしたにちがいない。

当時の彼をとりまく環境は、けっして明るいものではなかった。間歇的に狂気をくりかえす父は、うつろな目で暗闇をみつめることが多く、時に暴力的に母を苦しめるかと思えば、時には優しく抱きしめて、子供たちに心の平和を与えることがなかった。母のイザボーは、夫の狂気と、なれない政治に直面し、ただ時流に流されて、なに一つ学ぶことがなかった。苛立ちながら、あやまちを繰り返しつづけ、子供たちの世話もままならなかった。

しかし突然、その暗い幼年時代に一筋の光がさしはじめる。アンジュー公ルイ2世の妻、ヨランド・ダラゴンの登場である。

ヨランドは、カボシャンの乱が落ち着きをみせた一四一四年十月二十一日、バルベット館にイザボーを訪ねて、十一歳のシャルルと九歳の娘マリ・ダンジューとの婚約をとりつけたのである。

当時のシャルルにはルイとジャンという二人の兄がおり、二人はともに健康で、たくましい若者にそだっていた。

図21　ヨランド・ダラゴン

未来のフランス王シャルルに挨拶するアンジュー公ルイとヨランド・ダラゴン。後方は、母のイザボーであろう。この出会いの図は、15世紀に編纂された「フロワサール年代記」の挿絵である。

権力の維持にぬかりのないブルゴーニュ公ジャンは、娘のマルグリットを兄のルイと結婚させ、弟のジャンの妻には姪のジャクリーヌ・ド・バヴィエールを与え、万全とおもわれる体制を築いていた。

すでに王太子として力を発揮していたルイと、溌剌としたジャンの後ろに控えた三番手のシャルルになど、誰も注目していなかった。しかし、そこに目をむけたのがヨランドの慧眼である。

ヨランドは一三八〇年十一月十九日、アラゴン王国の王女として生まれた。

当時のアラゴン王国は、カタロニアをも領有する地中海の雄で、いわばフランスの宿敵である。一二八二年、聖王ルイの弟シャルルからシチリア島の支配権を奪った「シチリアの晩鐘」事件以来、百年以上にわたってフランスの地中海進出の夢を打ち砕いてきた。

だがその一方でアラゴン王国は、「レコンキスタ」の旗のもとにイスラム支配と戦ったキリスト教国の雄である。「キリスト教国の長女」として難しい舵取りをせまられるフランスには、アラゴン王国との同盟関係を保つことが必要だった。

一四〇〇年十二月二日、二十歳のヨランドがアンジュー家のルイ2世と結ばれたのも、そうした戦略の一環にすぎない。王家の結婚とは、所詮そのようなものなのだ。

しかしヨランドには、自らの立場をよく理解し、新しく道を切りひらく才能があった。

ヨランドが嫁いだアンジュー家の男たちの目は、一三七九年、ルイ1世がナポリ王ジャンヌの養子となって以来、フランスよりも地中海に向けられていた。

すでに述べたように、ルイ1世は、シャルル5世の死後、混乱のつづくフランスを放り出してナポリに攻め上り、一三八四年に戦死する。残された妻マリ・ド・ブロワは、夫の残した膨大な借金をものともせず、残されたアンジュー、メーヌ、プロヴァンスの所領を経営し、財政を立て直し、ルイ2世を立派に育てあげた。

ヨランドは、姑マリ・ブロワのこうした努力を目の当たりにして、多くを学んだ。

一四一〇年四月に夫ルイ2世が、父親とおなじく、王弟ルイの暗殺で大揺れにゆれるフランスを放り出してナポリ遠征に出かけた後、留守をまもり、一年半ほどして、夫が金を使い果たしマルセイユ

図 22　ギヨーム・ド・マショー
ギヨーム・ド・マショーの「運命の癒薬」の楽譜に描かれた「貴婦人と詩人」をあらわす挿絵。マショーは 14 世紀後半にシャルル 5 世やベリー公ジャンに仕えた詩人であり、アルス・ノーヴァという新しい音楽の流れを代表する作曲家でもあった。この絵に見られる貴婦人と詩人の愛のモチーフは、当時の宮廷風恋愛の典型を示している。

に帰還しても、動ずることはなかった。

三十歳になったヨランドは、戦争や政争にあけくれる男たちよりもはるかに明晰に、結婚や婚約がもたらす土地や金の動きと、官僚たちの生態を理解していた。

一四一三年八月、それまで順調に推移していた息子ルイ3世とブルゴーニュ公ジャンの娘カトリーヌとの婚約が破棄されると、時をおかずに戦略を立て直し、王妃イザボーと会い、娘マリのためにシャルルを手に入れたのである。

明るい南国の文化と新しい家族

一四一四年二月五日、ヨランドは、

幼いシャルルとマリをつれてアンジェにむかった。

慣例からすれば、婚約者のマリがイザボーに引き取られるのが筋だが、ヨランドはそれを嫌った。イザボーの方も、シャルルの兄ジャンがやはり婚家の所領エノーで暮らしている以上、ヨランドの申し出を断ることができなかった。

アンジェには、マリのほかに、ルイ、ルネ、ヨランドという三人の子供がいた。ヨランド・ダラゴンは、三人目の男の子の出産を待っていた。

シャルルは、反乱と陰謀に満ちたパリをはなれて、生まれてはじめて暖かい家族に囲まれた幸せな生活を味わったにちがいない。

ヨランド・ダラゴンは、北国ロレーヌ地方で生まれた母のヨランド・ド・バーから、北方の吟唱詩人ユースタッシュ・デシャンの詩を聞き、ギヨーム・ド・マショーの音楽に耳を傾ける趣味を受け継いだ。そして、実家のアラゴン宮廷でも、南の詩人たちや海のもたらす開放的な文化や、先進地イタリアの文物に囲まれて育った。

アンジェの城でシャルルが見出したのは、贅沢であってもどこか重苦しいパリとは違った、軽やかな地中海の息吹である。季節は春を待っていた。庭には花が咲き乱れ、鳥がうたい、音楽や詩のながれる宴がつづく（図22）。

ヨランドはシャルルを自分の子供のように教育し、よい教師をさがして、ラテン語や歴史の勉強をさせた。ちょうど同い年だった長男のルイと一緒に、剣術の稽古や馬術も学んだ。

後年シャルルは、公文書のなかで、ヨランドを「よき母」と呼んでいるが、まさにこのときから、ヨランドはシャルルの「よき母」となったのである。

九月になるとシャルルは、一家とともにロワールをくだってソーミュールに滞在し、さらに一四一五年二月には、プロヴァンスでヨランドの夫ルイ2世と再会する。

しかし、この平穏な生活も長くは続かなかった。

一四一五年七月、南仏タラスコンの町に、イングランド軍の新しい動きについての知らせが届く。ヘンリー5世がフランス上陸作戦の準備を始めたのである。

アンジュー公ルイ2世はただちに戦場にむかい、シャルルはヨランドとともにアンジェに引き返した。

アザンクールの戦い

当時、イングランド王ヘンリー5世は、すでにイングランド、フランス両国の王を名乗り、シャルル6世を「高貴なフランスの従兄弟」と呼び、シャルルをフランス王とは認めない姿勢をしめしていた。さらにヘンリーはフランス王家に、シャルルの娘カトリーヌを妻として差し出し、アキテーヌの地をその婚資とすることを求めた。

一四一五年八月十四日、フランスに上陸したヘンリーは、ただちに重要な港町アルフルールを攻めた。アルフルールを守るアルマニャックの武将ラウール・ド・ゴークールは果敢に戦ったが、シャル

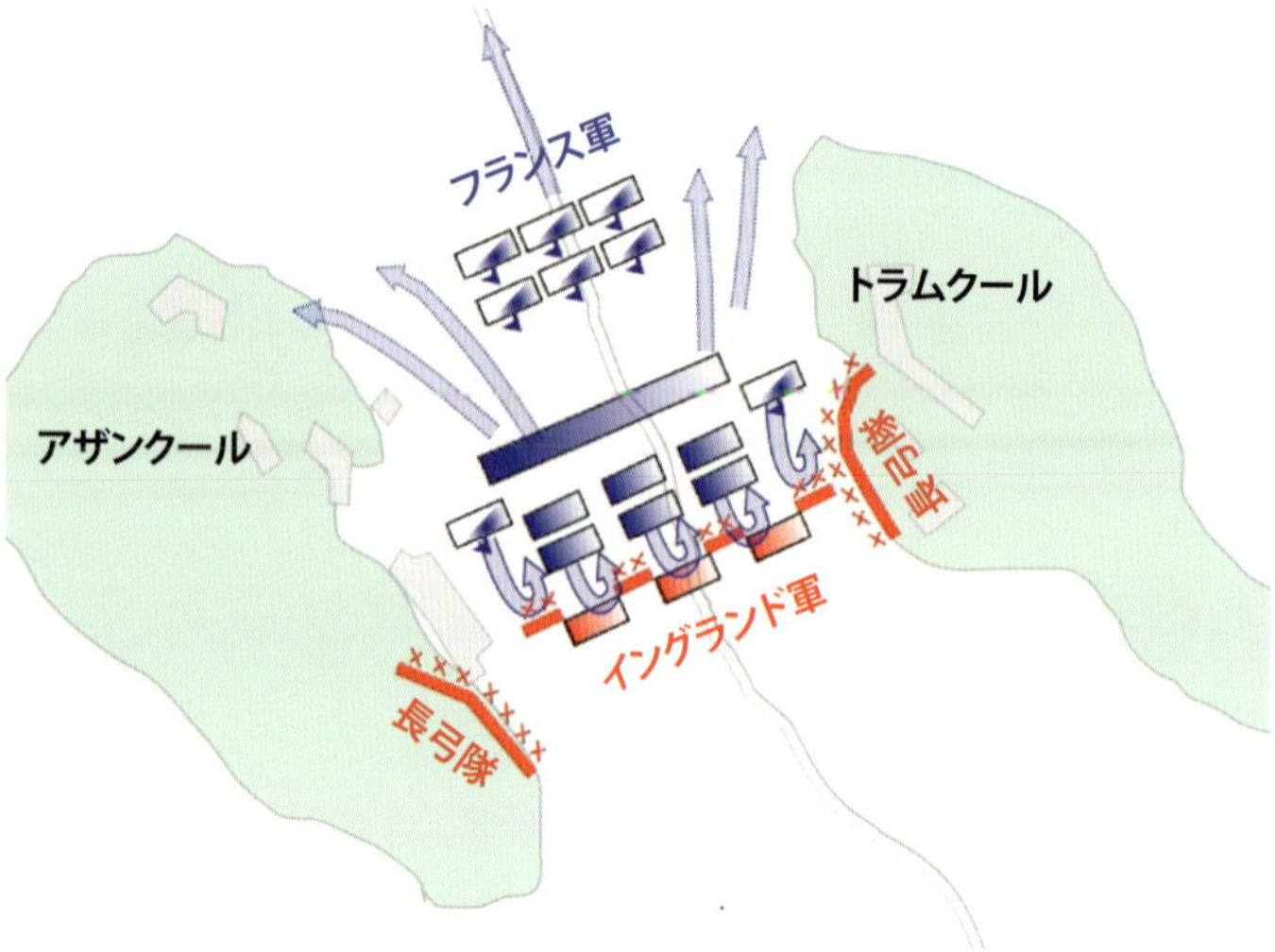

図23　アザンクールの布陣

ル6世の援軍はこなかった。

一ヵ月にわたる攻防の後に町は落ち、九月十八日にヘンリーはアルフルールに入城した。アルフルール市民の大半は、わずかな荷物を身につけただけで町を追い出され、かわりにイングランド兵たちが住みつき、ここがイングランドのノルマンディ攻略の基地となった。

一方、ルーアンに集結したフランス軍は、アルフルールの陥落を横目に、長い評定をつづけていた。ポワティエの戦いでジャン2世が捕虜となった苦い経験をもつ彼らは、圧倒的な数の優位にもかかわらず、今回は、王と王太子は戦場に出さず、温存する作戦にでた。

フランス軍は、イングランド軍の進軍路を断つように、ソンム河にそって展開した。数の上で劣るイングランド軍は、フランス軍との正面衝突をさけて迂回をつづけ、疲れきっていた。

図 24　アザンクールの戦い

15 世紀に描かれたアザンクールの戦い。イングランド軍の長弓の前になすすべもなく打ち倒されるフランス軍騎士たちの姿が描かれている。この戦いを最後に、重装備の騎士を中心としたフランス軍の戦略は大きく変化してゆく。

十月二十四日の夕刻、イングランド軍の偵察兵が前方の稜線にフランス軍をみつけた。右手にはアザンクール城の塔がみえる。

戦いがはじまったのは、十月二十五日朝である。

フランス軍は高台に陣取り、イングランド軍とのあいだには前夜の雨でぬかるんだ草原が広がっていた（図23）。

フランス軍の数はイングランド軍の二倍をこえ、圧倒的な優位を維持していた。しかし、アルマニャック党とブルゴーニュ党に分かれ、たがいに敵対しあう彼らは統制を欠き、手柄を競いあって、決定的な誤りをおかす。

よせばいいのに優位な高台を捨て、一気に駆け下りて草原の泥に足をとられ、武具の重さに立ち上がることさえできず、イングランド軍の長弓の餌食になったのである。

戦死者は兵だけにとどまらず、バー公、ブラバン公、アランソン公、ブルゴーニュ公弟のヌヴェール伯、大元帥ダルブレなど多くの将が命をおとし、草原に掘られた三つの穴には五千八百の遺体が埋葬されたという（図24）。

ブルボン公、ブーシコー元帥、ヴァンドーム伯、リッシュモン伯などが捕虜となったが、なかでも王弟ルイの遺児オルレアン公シャルルが囚われたことは、その後のフランスの歴史を変えた。父の敵ブルゴーニュ公ジャンを倒すはずのシャルルは、以後二五年の長きにわたってイングランドにとどめられ、武人としてより詩人として後世に名を残すことになったのである。

王太子ジャンの死とシャルルの幸運

アザンクールの戦いがフランスに与えた精神的なショックは大きかったが、それは後世の歴史家がさわぐほどの致命的な問題ではなかった。むしろそれは、そののち五月雨《さみだれ》のように、長く間歇的に繰り返される戦いの始まりであったといってよい。「百年戦争」の後半戦がここからスタートしたのだ。イングランドとの戦いは、この後三五年以上にわたってつづき、この時十二歳であった後の王太子シャルルは、生涯をかけてイングランドと戦うことになる。

敗戦直後の一四一五年十二月十八日、王太子ルイが急死した。毒殺の噂も流れたが、ルイの死はブルゴーニュ公ジャンには痛手でもあり、朗報でもあった。ルイはブルゴーニュ家の婿でありながら、数年まえから王を助けてジャンと対立し、アルマニャック党に近い立場をとっていたからである。

これに対して、新しい王太子ジャンはフランドルの宮廷に暮らし、ブルゴーニュ公ジャンの手の内にあった。

この王太子ルイの死に素早く反応したのがベリー公ジャンである。彼は、ブルゴーニュ公が新しい王太子ジャンを擁して攻勢にでるまえに、アルマニャック伯ベルナールをパリに呼び戻し、アザンクールで倒れた大元帥ダルブレの後釜にすえた。

しかしアルマニャック伯は、ただではパリにやってこなかった。戦いになれた六千人の傭兵を引き連れてきたのである。この荒くれ者たちはパリを我がもの顔で席巻し、たちまちパリ市民の怨嗟の的となる。

アンジュー公ルイ2世はこの一触即発の危機に際して、ヨランド・ダラゴンとともにパリに入り、顧問会議に出席し、ベリー公とともに王を支え、アルマニャック伯の動きを牽制した。そして一四一六年六月十五日、ベリー公ジャンが七六歳の生涯を閉じると、王太子ジャンの不在を理由にシャルルをパリに呼び戻し、顧問会議に列席させ、王につぐ位置を与えた。

それから十カ月後の一四一七年四月五日、シャルルの身の上にさらに大きな転機が訪れた。

顧問会議の要請によってフランドルからパリに向かっていた王太子ジャンが、コンピエーニュで急死したのである。

再び毒殺の噂が流れたが、シャルルは二人の兄の死をうけて、トゥーレーヌ、ベリー、ドーフィネという広大な所領を有する王太子の座につくことになった。

王太子シャルルの誕生とイングランド軍の再上陸

ヨランドは、予想もしなかった「息子」シャルルの即位を心から祝福したが、その喜びも半ばだった。王太子即位からひと月もたたない四月三十日に、アンジュー公ルイ2世が持病をこじらせてこの世を去ったのである。

ベリー公につぐアンジュー公の死という大きな政治的な空白のなかで、今度はアルマニャック伯ベルナールが動いた。

パリ市長タンギー・ド・シャテルと組んだベルナールは、王妃イザボーの贅沢な生活とスキャンダルを利用して、イザボーの警備をつとめるグランビル、ジアック、ボルドンのうち、スキャンダルの主役ボルドンを逮捕し、ただちに袋につめてセーヌに流し、処刑した。

さらにベルナールは、イザボーをパリからブロワに移して監禁し、彼女の蓄財を強奪したのである。

六月十四日、王太子シャルルは王不在時の摂政職につき、イザボーの権力は喪失した。

この事件をきっかけとしてイザボーは、アルマニャック党とタンギー・ド・シャテルに囲い込まれたシャルルを、不倶戴天の敵として憎むようになったといわれる。

シャルルの身の上にこのような大きな変化が訪れたときも、「よき母」ヨランドは適切な配慮を忘れなかった。

幸運の訪れは危機を道連れにしている。まだ立場の定まらないシャルルは、権力を狙うものたちの格好のターゲットだったのである。

ヨランドはシャルルをトゥールに招き、シャルルに生涯仕えることになるロベール・ル・マソンを王太子を支える宰相とし、ジェラール・マシェを王太子付きの司祭として与えた。賢く忠実な家臣でシャルルの脇をかためたのである。

さらにソーミュールでは三部会を招集して、はなやかな王太子披露を行ない、アンジェではブルターニュ公ジャンに引き合わせた。ブルターニュは、これ以後もフランスとイングランドの間をただよい続けるが、ブルターニュ公ジャンの弟であるアルチュール・ド・リッシュモンは、後に王国の大元帥としてシャルルの軍を率いることになる。

ヨランドのはからいで王太子としてのデビューを果たし、アンジュー旅行を終えてパリに帰ったシャルルを待ち受けていたのは、イングランド王ヘンリー5世のノルマンディ再上陸という大きな試練だった。

八月一日に上陸した一万五千のイングランド軍は破竹の進撃をつづけて、カン、リジウー、バイユー、アランソンなどのノルマンディ諸都市を陥落させた。しかし、この激しい攻撃をまえにしても、アルマニャック、ブルゴーニュの二手に分かれた兵たちには、もはやアザンクールの戦いのように、共同戦線をはって戦う気構えは残されていなかった。

とくにブルゴーニュ公ジャンは、八月十日、ノルマンディのコルビーに兵をあつめ、イングランド軍と呼応するように、パリにむかって南下をつづけたのである。

そして十一月八日、兵をさしむけて王妃イザボーを奪還し、トロワの町に迎え入れると、共同で新しい政権を樹立した。

イザボーは新しい庇護者としてジャンを受け入れ、王妃として「王の不在」の際に託される摂政の役割をジャンに譲り渡したのである。

一方ジャンは、「王妃がいかに健気に闘い、アルマニャック党に囚われた不幸な王を守っているか」を伝える布告を、フランスの諸都市にむかって発した。かねてからアルマニャック党の横暴にうんざりしていたパリの民衆たちは、こぞってジャンのメッセージを支持し、ジャンはパリの包囲を開始した。

ブルゴーニュ公ジャンのパリ奪還とシャルルの脱出

一四一八年五月二八日の深夜、ブルゴーニュ公の手勢を率いるジャン・ド・ヴィリエは、アルマニャック伯に恨みを抱く市民の手引きによってサンジェルマン門の鍵を手に入れ、八百名の部下とともにパリ市内に侵入した。

その「国王万歳、ブルゴーニュ公万歳」という叫びに、待ち受けた五百名のパリの民衆が呼応した。民衆たちは剣や棍棒や手斧で武装し、シャトレをはじめとする軍事拠点をなんなく陥れ、サン・ポル館を襲って王の身柄を確保したうえで、馬に乗せ、市中を引き回した。

アルマニャック党の棟梁ベルナールも囚われて、衣服を剥がれて惨殺されたうえ、三日の間パリの

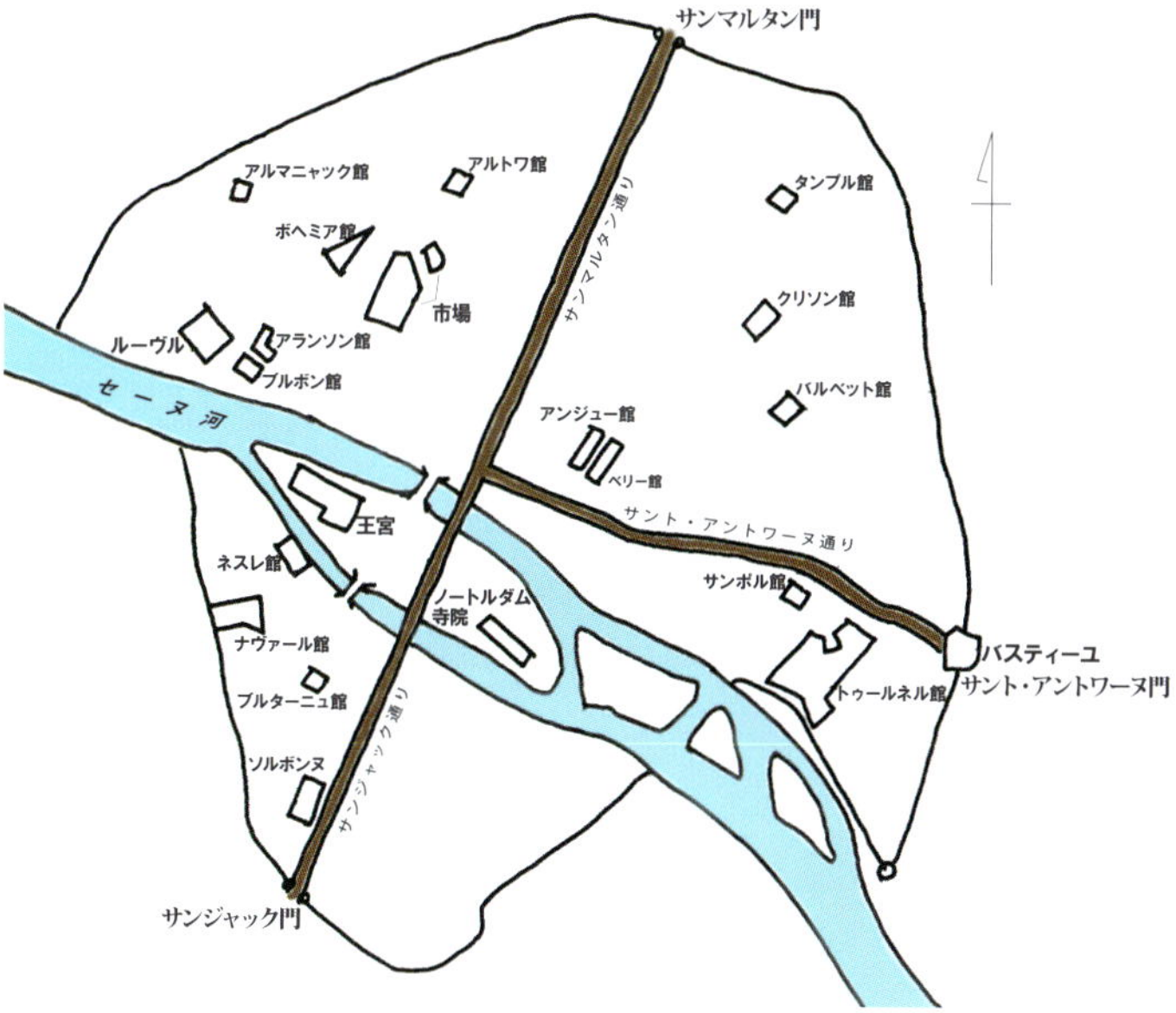

図 25　1400 年のパリ

シャルル 5 世の築いた城壁に囲まれた 1400 年代初頭のパリは、現在よりもはるかに小さい。サン・ポル館は、現在の地下鉄駅サン・ポルに近い広場に面していたが、今はその広場もない。

街を引き回された。アルマニャック党とされた五千人あまりが、同じようにして命を落としたのである。

ブルゴーニュ公ジャンと王妃イザボーはこうしてパリに入城するが、あわれな王はブルゴーニュ公を歓迎し、彼が王妃のために尽くしてくれたことに感謝するより他に道はなかった。

こうして、ブルゴーニュ党の奇襲は完璧な勝利に終わったかにみえたが、彼らはたった一つ誤りを犯した。王太子シャルルの存在を忘れ、そのパリ脱出をゆるしたことである。

二八日の深夜、民衆の叫びで

目をさましたパリ市長タンギー・ド・シャテルは、ただちにプチ・ミュスク館に走り、王太子シャルルを保護すると、まずバスティーユに避難させ、ついでムランの町に導いたのである。

タンギー・ド・シャテルは、アルマニャックの残党とともにパリの奪回を試みたが、かなわなかった。ブルゴーニュ公ジャンは、勢いにのってパリ周辺の諸都市を手におさめ、一方のイングランド軍は、七月二九日からはノルマンディの中心都市ルーアンの包囲をはじめ、八月二二日には、港町シェルブールを陥落させている。

図 26　パリの地図とサン・ポル館

後年（1575 年）に描かれたパリの地図。上方の城壁にバスティーユとサント・アントワーヌ門（左隅）が見える。中央を横切るサン・ポル通りに面しているのがサン・ポル館であろう。

こうして百年戦争後半のイングランド勢によるノルマンディ支配、ブルゴーニュ勢によるパリの支配という地政学的な構図が進行する。

一方、王太子シャルルは、フランス中部の都市ブルジュに拠点を移し、やがて「ブルジュの王」と呼ばれるようになる。

2　金持ちおじさんジャンの遺産

ゆたかな町ブルジュ

シャルルが、その後、長く拠点としたブルジュとは、どんな町なのか。

歴史家はしばしば「ブルジュの王」と呼ばれたシャルルを「哀れな田舎町に追いやられた流浪の王」と記述してきたが、それは大きな過ちである。

ブルジュの町は、いまでこそ人口七万そこそこの地方都市にすぎないが、世界遺産に登録されたサンテティエンヌ教会があることからも分かるとおり、古くからのフランス・キリスト教文化の中心地である。町の起源ははるかケルト時代に遡り、古代から重要な交易拠点だった。

地政学的な観点からも、ブルジュは要衝を占めている。地図をみれば分かるとおり、フランスのほぼ中央に位置し、この町を頂点として地中海側のマルセイユと大西洋側のバイヨンヌを結ぶと、南フランスをすっぽり包んだ三角形ができあがる（図27）。

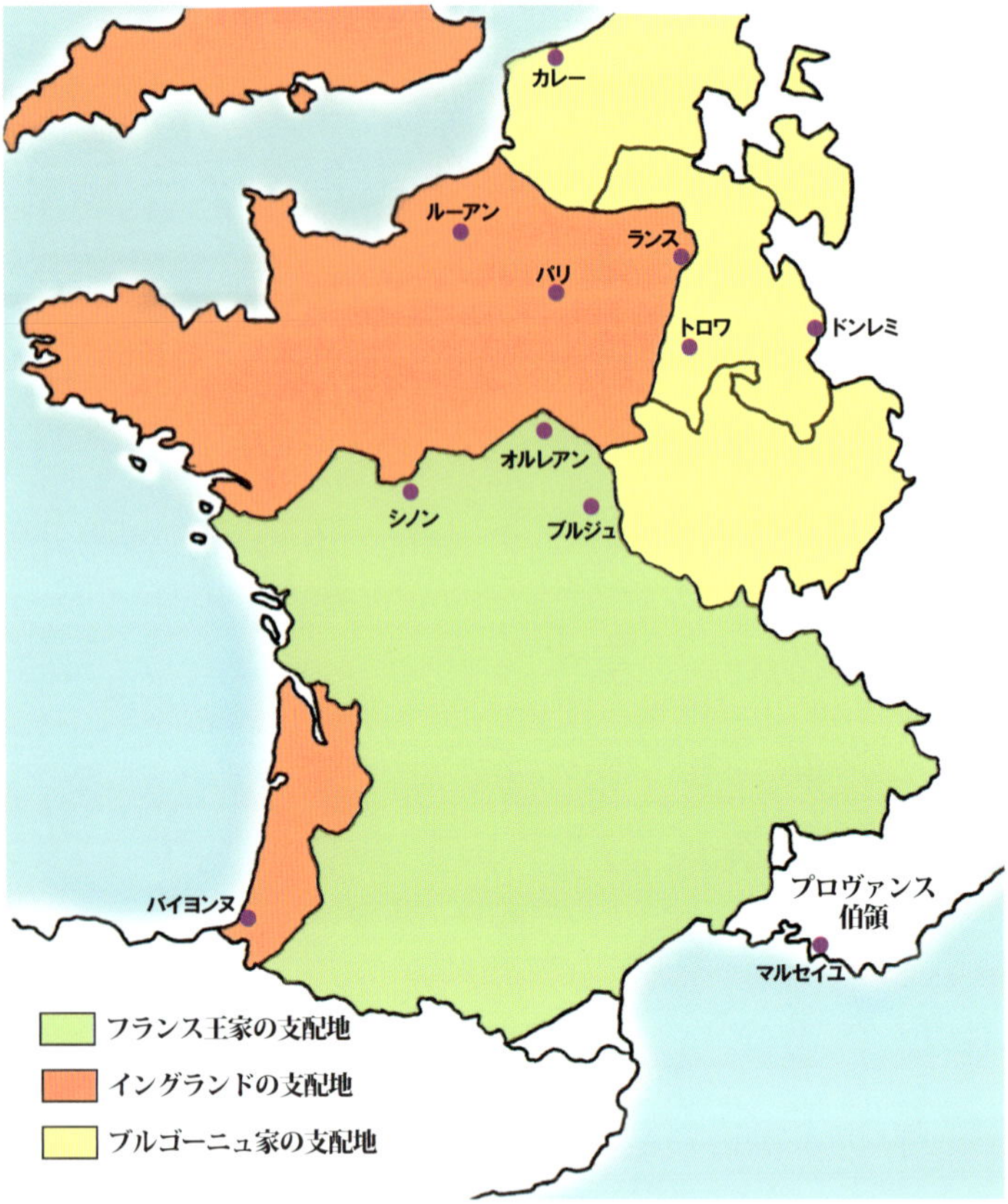

図 27　15 世紀初頭のフランス
1429 年、オルレアン解放直後のフランスの勢力図。

シャルルはこの三角形の頂点に陣取り、豊かな南フランスを支配し、北の戦乱をながめながらゆっくりとパリに攻め上る好位置につけていたのである。

しかし、この町の豊かさは、なんといっても「おひとよしの王様」の三男ジャンが一三六〇年にベリー公となって、一四一六年の死にいたるまで五五年の間、生涯をかたむけて築いたものである。

ジャンによってしっかり守られたこの町には、戦乱をさけてパリをはじめとする北フランス諸都市からやってきた職人や商人や芸術・芸能集団があふれていた。

ジャンはこれらの職人や商人に手厚い庇護をくわえ、ブルジュに豊かな文化を築いた。ジャンがとくに打ち込んだのが建築である。彼がこの町に造らせた館には、パリの王宮につぐ豪華な広間がしつらえられた。その広さは、縦横が五〇メートル、天井の高さが二四メートルもあったという。

教会の建設も盛んで、石工をはじめとするあらゆる職種の親方たちに気前のいい注文が舞い込んだ。フランス各地からやってきた優れたガラス職人や石工や彫刻師が、大ステンドグラスや豪勢な説教台や彫像などを造作したのである（図28）。

一三九一年にジャンが注文し一四〇五年に完成した聖堂は、聖王ルイのサント・シャペルをしのぐ豪華さで、当時の会計簿によれば、九人の聖堂付き司祭、七人の下級聖職者、一人の職人、六人のソムリエが雇われていた。ジャンは聖堂に、多くの聖遺物箱や美術品を寄贈したという。

こうした建築にたずさわる職人養成のために、ブルジュ大司教などの発案で、中世最初の彫刻学校が設置され、後々まで発展していったほどである。

図 28　教会の建設

15 世紀の写本挿絵にみられる教会建設の風景。中世の石工たちは優れた職人であり、同職組合の結束もかたく、諸国を遍歴して腕をみがいていた。ベリー公は腕のよい石工をブルジュの町に集めた。

図29　ポワティエのベリー公の城

ベリー公の領地ポワティエにあったクラン城の光景。掘割のなかに立つ城は、三方を高い城壁に囲まれているが、すでに戦闘に対して身構える姿勢はない。

百年戦争は、うち続く戦乱と都市や農民の反乱、そしてペストをはじめとする疫病の時代だったから、さぞかし悲惨で貧しい時代であろうと思われがちだが、この時代は、豊かな消費文化の時代であり、大建築と贅沢の時代でもあったのだ。

ちょうど応仁の乱のさなかに茶や生け花や掛け軸、茶室や庭園、そして能など、後世の日本文化の基礎が誕生したように、百年戦争下のフランスには新しい文化が次々と誕生し、大貴族だけではなく、職人、商人、芸術・芸能集団のような庶民も、その身分に応じて豊かな生活を享受するようになったのである。

もちろん、その豊かさを最初に享受したのは貴族や官僚や高位の聖職者たちだった。彼らはたえず競っていた。新しいものを求め、より大きく立派な建物をたて、美しいステンドグラスで飾り立てた。美しいものを所有することが富と権力の証しであり、主人としての威厳を示すことであり、尊敬を集めることだった。ブルジュの町は、その平和と安定と富の力で、戦乱をさけた様々な名人・上手をあつめた。贅沢な消費が生む経済効果で、町はうるおった。

ジャンの宮廷では、つねに新しさにこだわった豪華な商品が取引された。年間を通して何度となく繰り返される祭りや宴の際には、新しく奇抜な趣向が求められ、新しい衣装、新しいアクセサリー、新しい料理、新しい細工が取引されて、宮廷御用達の羅紗、絹製品、革製品、毛皮、リボン、宝石、ぶどう酒などを扱う商人、錫製品、金物、鍛冶、金銀細工、指物などの工芸にたけた職人がひしめきあった。

金持ちおじさんのリッチな時祷書

しかし、この金持ちおじさんジャンの同時代の評判はきわめてよくなかった。あの王妃イザボーほどではないけれど、悪評サクサクの人だったのである。いわく「年寄りのくせに強欲である」「やたらと税金ばかりかける」「取り巻きばかり大切にして、身びいきにすぎる」「とくに宝石に目がない」などと際限がない。

近代に入っても歴史家の評判は最悪で、「戦いが下手で、戦果がなにもみられない」とか、「無駄遣いで国庫を空にした」とか、「政治的な才能のない二流の人物で、所領を広げることにしか関心がない」

「権威を利用して、公共の利益をそこなった」など、枚挙にいとまがない。

たしかにジャンの人生をたどってみると、見方によっては無様《ぶざま》なことばかりで、派手な手柄はひとつもない。いつも二番手、三番手に控えていて、落としどころをうかがっている。そんな彼だから、歴史はたちまちその存在を忘れた。ブルジュをはじめ、あちこちに建てた城や館は崩れおちた。精魂傾けた宝石や金銀細工のコレクションも、いつの間にか四散した。

だが、ここにほとんど奇跡のように、彼の足跡を知る手がかりが残されていた。それは、ページサイズたった29×21センチ、全体で二〇六ページのお祈りの本である。

一般に「ベリー公のいとも豪華な時祷書」と訳されるこの本は、いまシャンティイのコンデ美術館の奥深く眠っている。

時祷書とは、一年にわたって日々折々の祈りを記した本で、十三世紀から十五世紀のあいだに大流行し、数百点の写本が残されている。一月から十二月までの農事暦にそった挿画が添えられることが多く、美術品としてはありふれたものだといえる。

ジャン自身も、このほかにメトロポリタン美術館所蔵の「ベリー公の美わしき時祷書」、トリノとパリに分かれて所蔵されている「ベリー公のいとも美わしき聖母時祷書」など、少なくとも六冊の時祷書を作成させた。しかし、彼がランブール兄弟に依頼したこの写本ほど豪華なものは、ほかにない。この一冊だけでも「世界遺産」とよぶにふさわしい、世界一高価な書物なのである。この「いとも豪華な時祷書」には、みごとな美術作品としての価値とは別に、二つの大きな特徴がある。

図 30　ベリー公の豪奢な生活
時祷書の１月に描かれたベリー公主催の饗宴。公をとりまく人々も贅を尽くした新年の装いをこらしている。

一つは、時祷書の一月の場面に注文主のジャン自身の肖像が描きこまれており、彼の豊かな生活の一端を知ることができることである。それは、おそらく一四一五年一月一日の光景であろう（図30）。

ジャンは大きな暖炉を背にして座っている。彼の後ろには、戦いの模様をうつしたタピスリーがかけられている。ご馳走のならんだテーブルの右手には家紋の熊と白鳥をあしらった船がおかれ、左手には金銀細工がおしげもなく並んでいる。四人の若者が給仕し、脇には聖職者が座している。

この年、七五回目の新年を迎えたジャンは二七の贈り物を受け取ったと記録されている。このときジャンにサファイアと真珠で飾られた金の塩入れを送ったのがピサの枢機卿であるとされるから、聖職者はおそらく彼である。

暖炉の暖かい火と皿に盛られた豪華な料理、テーブルの上に遊ぶ犬。戦争を描いたタピスリーを背景に進行する豊かで穏やかな宴。これは、ジャンの生きた時代と、彼の理想を鮮やかに描き出している。ジャンのあつらえた時祷書には、じつは他の場面にもいろいろな形でジャンの肖像が描きこまれている。「時祷書」は、宗教画や暦にことよせた注文主の肖像画集でもあり、隠されたメッセージ集なのである。

「いとも豪華な時祷書」のもう一つの特徴は、月ごとの農事に添えて城や館が描かれていて、場所が特定できることである。

「いとも豪華な時祷書」に登場する十二の城や館のうち、ルーヴルとヴァンセンヌはシャルル5世の持ち物だが、そのほかは、すべてベリー公ジャンの建てた城や館なのだ。

ジャンの生きたシャルル5世と6世の時代は、イングランドとの戦争、先王ジャンをはじめとする人質への巨額な身代金支払い、ペストとジャックリーとエティエンヌ・マルセルの反乱、王の狂気に揺れた時代だったはずである。

だが、じつはその陰で、多くの城や館や教会の生まれた大建築時代でもあった。そして、その城の多くが、現実の戦乱とはかけ離れた繊細なつくりの塔や城壁をもつ、お伽の城のような造りをしている。ジャンの愛した金銀・宝石に飾られた細工物や、吟遊詩人の歌や音楽にふさわしい、たおやかな形をしている。

そして数ある美しい城のなかでも特に異彩を放っているのが、三月の場面に登場するリュジニャンの城である。

リュジニャン城とメリュジーヌの伝説

リュジニャンは、いまはわずか人口二千七百の過疎の村だが、かつては、エルサレムの王となりながらこの神の都を失い、キプロスに退き、長くこの島をおさめたギー・ド・リュジニャン（1159–1194）をはじめとするリュジニャン一族の所領であり、百年戦争の重要な戦略拠点のひとつだった。

一三五六年、十四歳になったばかりのジャンは、まずこのリュジニャンを含むポワトー地方の主、ポワトー伯として人生のスタートをきった。ところが、その直後におこったポワティエの戦いで父の「おひとよしの王様」ジャンが人質となり、あっさりポワトーは、イングランドの手に落ちてしまう。

その「おひとよし」が一三六四年にイングランドで人質のまま客死して、即位したシャルル五世が最初に手をつけた事業が、フランス版の失地回復運動「レコンキスタ」である。

一三六九年二月五日、ジャンは「軍事担当執政官」に任じられ、名将デュ・ゲクランに助けられて大任を果たし、ふたたびポワトー伯に返り咲く。しかし、問題はこのリュジニャン城だった。

ジャンはこの城を、一三七三年三月以来、一年以上にわたって取り囲み、兵糧攻めにしたのだが埒があかない。ジャンはこの城を、力ではなく交渉によって手に入れようとした。

図31　メリュジーヌの竜

ベリー公の時祷書の３月に描かれたリュジニャン城と竜。この絵の手前には、畑の耕作、ぶどうの剪定、羊の放牧をする農民たちの姿が描かれている。

兄のシャルル6世は、優柔不断な弟に怒りの手紙を何度もおくり、城攻めを督促したが、ジャンは動かない。兄はとうとう折れて資金提供に協力した。一三七五年三月三日、開城の条件として敵方に支払われた金四万七千フランは、まわりまわってポワトー市民の税によって賄われた。このあたりがジャンの評判のよくない理由の一つである。

ジャンは、こうして手に入れたリュジニャンの城を「戦の城」から夢のようなお伽の城に改造した。そしてその郊外に、畑を耕す農夫や、ブドウ畑の剪定をするブドウ作り、羊を放牧する牧夫などを配して平和を演出した。

ジャンが特にこだわったのが、美しい瓦屋根と大きな塔である。そして、右端の塔のオレンジ色のとんがり帽子の屋根のうえに、小さく竜が描かれている。この竜が、伝説のメリュジーヌなのだ（図31）。

かつてリュジニャンの領主は貧しい若者だった。若者は森で美しい娘と出会い、娘から授けられた知恵で、広大な所領と美しい城を手に入れる。若者は娘とむすばれて、かわいい子供がつぎつぎに生まれるが、娘には一つの秘密があった。

娘は、毎週土曜日に水浴する折に、その姿をけっして見ないように夫にたのむ。ところがある日、夫はその姿を見てしまう。水浴中の妻の下半身は竜だったのだ。妻はそれを恥じて城を去るが、折々にあらわれて城の危機をすくった。とくに、城の主がかわると、そのたびに現れて城を守ることを約束したのである。

これがメリュジーヌの伝説だが、どこか日本の昔話「夕鶴」に似ている。というより、なによりも天皇家の始祖伝承「ウガヤフキアエズの誕生譚」に酷似しているのだ。

この話は「海幸・山幸」の話としてよく知られるように、山幸（ホオリノミコト）は兄の海幸の大切な釣り針をなくし、探しに訪れた竜宮の娘（トヨタマヒメ）と結婚するが、約束を破ってその出産の場面を見てしまう。姫の正体はワニだったのである。

トヨタマヒメはそれを恥じて、生まれた子供（ウガヤフキアエズ）を残して去る。このウガヤフキアエズこそ、神武天皇の父である。

リュジニャンの城一帯には、すでにジャンの時代以前から「城を守る妖精（＝竜）の伝説」が存在した。しかし、詩人ジャン・ダラスに依頼して、竜に美しい「メリュジーヌ」という妖精の名を与え、英雄の始祖伝説を今日のような「お伽話」として世に残したのは、ジャンの手柄である。

ジャンはけっして、この「お伽話」を趣味や贅沢だけで作らせたわけではない。

リュジニャンの城は、ジャンのポワトー攻めによって領主をかえ、その性格を変えた。妖精メリュジーヌはジャンの時祷書のなかで塔のうえを飛ぶことによって、新しい領主に祝福をあたえ、その正当性を保証しているのである。

ジャンの文化政策とは、このようなものだったのだ。

ベリー公ジャンの南フランス経営

ジャンが生涯にわたって建てた城館の数はじつに十七におよぶ。なぜ彼は、このように城や館の建築にこだわったのだろうか。この築城癖が若い頃の苦い体験による、という深い読みも可能である。

一三五七年、ポワティエの戦いの敗戦によって名前だけの「ポワトー伯」になってしまった十七歳のジャンは、はじめて執政としてラングドックに赴任する。

「ラングドック執政」といえば王につぐ要職であり、「副王」といってもよいくらいなのだが、実態はひどかった。ポワティエで愚かにも人質になってしまった「おひとよし」の父親にふりかかった四百万エキュ（後に三百万に減額）を、兄とともにせっせと返済するための集金旅行にすぎない。

当時のラングドックはようやくフランス王国の一部として機能しはじめていたが、なにせ北のラングドイルとは言葉も制度も違う。そのうえ北では、パリのエティエンヌ・マルセルがナヴァル王国を巻き込んで反乱を起こし（図32）、農村ではジャックリーの反乱のような農民の蜂起がつづいていた。兄のシャルルはその対策に四苦八苦し、南仏諸都市も、弱体化した王権をなめきっている。

やっとたどりついたナルボンヌの城にはもう先客がいて、居城として使わせてはもらえない。

ラングドック執政を勤めた三年の間、ジャンは町から町を渡り歩き、あっちの司教、こっちの領主、はてまた修道院の世話になりつづけ、流浪の身の辛酸をなめつくした。

おまけに、当時のラングドックを力で仕切っていたフォワ伯ガストン・フェビュスとアルマニャック伯ジャンの激しい衝突に巻き込まれ、一三五九年十月には、その一方のアルマニャック伯の娘ジャンヌを妻に迎えるはめに追い込まれた。

後年のジャンが支配の拠点に城館を築いたのは、この時のトラウマに似た経験によるとされる。ジャ

図 32　元帥を殺すエティエンヌ・マルセルの手勢

1358 年 2 月 22 日、エティエンヌ・マルセルの手勢は王宮に乱入し、元帥たちを暗殺した。王太子シャルル（後のシャルル 5 世）は、2 月 24 日に統治権をマルセル率いる三部会に引き渡した。この混乱は、同年 7 月 31 日、マルセルの暗殺をもって終息する。「フランス大年代記」の挿絵より。

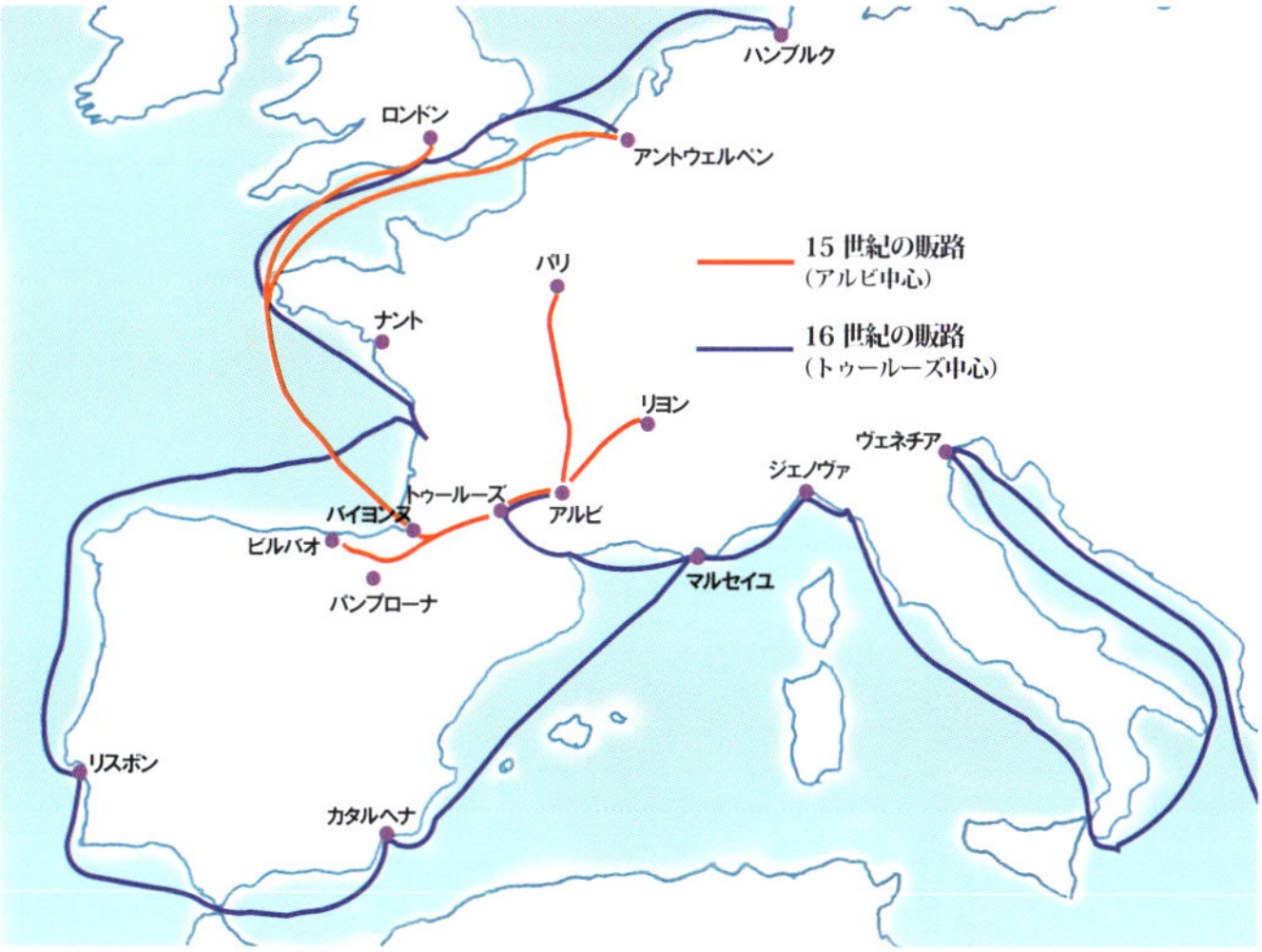

図 33　パステルの流通経路

15 世紀・16 世紀のパステル生産地と交易ルート。15 世紀初頭の南フランスは、織物生産の技術の上では、フランドル地方やフィレンツェに遅れをとっていた。しかしトゥールーズを中心として栽培されたパステルだけは、その美しい色合いから珍重され、遠くイスラム圏にまで輸出されていた。

ンにとって城は、まず支配者の存在と権威とその意志をしめすランドマーク・タワーであったに違いない。どこからでも住民の目にみえる塔は、領主の支配には欠かすことのできないものだった。

ラングドックにやってきた十六歳の「流浪の執政」ジャンは、ともかくも逆境に耐えて、兄と協力して金を集め続ける。しかし、長年つちかった自治の伝統をもつ南仏諸都市の市民は、ただでは金を払わない。問題は、武力衝突を避けて、農民たちの育てるブドウや小麦やオリーブ、それにパステルという藍に似た青の染料を守ることである。支配者は、商人たちがそれを商品化して地中海やフランス北部の市場で売りさばき、金を稼ぐのを助けなければならない。

ロンドンで優雅な人質生活を送る「おひとよし」の父親ジャンには、そのあたりの苦労がまったく伝わらない。黙っていても民はお金を払うものだと信じる「おひとよし」は、矢のような催促を繰り返す。

まだ二十歳にも満たぬジャンは、武闘派のフォワ伯とアルマニャック伯の間をかいくぐり、野盗化した傭兵たちとたたかい、市民たちから、平和の代償としての税金をもぎとった。三年間にジャンが稼いだ身代金は金貨十九万八千枚であり、最初の身代金支払いの三分の一にあたる。ラングドックはフランスにとって黄金の国「エル・ドラド」だったのだ。

ジャンはこの時の経験を生かし、そののち二回にわたってラングドックの執政を務めることになる。一三八〇年からシャルル6世が親政をしき、ラングドックを直接支配するまでの一三八九年までと、一四〇一年から一四一六年の死に至るまでの、じつに二五年間である。この間、ジャンの支配の手並みには磨きがかかり、王権の揺らぎとともに、国への上納金も減少し、ラングドックからの収入は、ほとんど全額がジャンの収入となった。

ジャンの課した重税に対する反発や、身内にあつく、私腹をこやしたという批判は、とくにこの間のものである。

こうした批判は当然のことだが、平和の代償を金で払うのは庶民も王族も同じことだ。ジャンは、無能な政治家という批判を甘受し、戦争嫌いの政治家に徹し、正面衝突を避けるために金をばらまき、紛争を金や姻戚関係の絆で解決し、豪華な生活をおくって人々の顰蹙《ひんしゅく》を買った。

しかし、たとえ王族であっても、一人の人間が消費する金額など、戦費に比べればたかが知れている。ジャンは一四〇一年に息子ジャンを亡くし、自分の築く財産が死後にどこに行くかを熟知していた。しかし一四一六年の死にいたるまで、自らの公国を守るために戦う姿勢をつらぬいた。そして、ジャンの豊かな遺産の大部分は、シャルル7世に受け継がれたのである。

ブルジュ王太子シャルルとパリのブルゴーニュ公ジャン

パリを追われ、ベリー公の残したブルジュに移った弱冠十五歳の王太子シャルルは、さっそく行動を開始した。

シャルルは、「よき母」ヨランドの与えた腹心ロベール・ル・マッソンやタンギー・ド・シャテルらを中心に顧問会議を組織し、パリを落ちのびた官僚の残党をあつめてポワティエに高等法院、ブルジュに会計院をおき、亡命政権を築く準備をすすめた。

その一方で、パリをはじめ主要な都市に王の執政としての立場を明確にしめし、支援をもとめる手紙をおくった。

一方、圧倒的な武力でパリを制した壮年のブルゴーニュ公ジャンをはじめ百戦錬磨の政治家たちは、こうした若いシャルルの動きを見くびっていた。

一四一八年七月十四日、ジャンが王妃イザボーをともなってパリに入城すると、さっそく大人の和平交渉がはじまった。

図 34　イザボーとピザン

王妃イザボーとクリスティーヌ・ピザン。クリスティーヌ（1364 ～ 1430）は、フランス初の自立した女流作家と言われるが、シャルル 6 世妃イザボーをはじめ、ベリー公ジャンや王太子ルイの庇護を受け、多くの作品を残した。

イングランドとフランスの狭間にたって、なんとしても政治的な安定の欲しいブルターニュ公が、こまめにブルゴーニュ公ジャンとヨランド・ダラゴンの間を行き来して、九月十六日にサン・モール・デフォセ条約が結ばれる。

折しも、強敵イングランド王ヘンリー五世が北フランスを席巻し、シェルブールを落とし、ノルマンディの中心都市ルーアンを取り囲んでいる。ここは、ブルゴーニュとアルマニャックが小異を捨て大同団結して、イングランドに立ち向かうべきである、というのが大人たちの下した判断であった。

しかし、それにしても、その条約の内容がすごかった。

「この条約の締結によって、アルマニャック党の犯した数々の悪行は不問に付される。

彼らがイングランド軍の侵略に手を貸し、その代償として大金を受け取ったこと。フランス王の二人の息子をあいついで毒殺したこと。フランス王妃イザボーとオランダ公の毒殺を企てたこと。フランス王国の滅亡を謀り、王太子を囲い込み、イングランドの手に渡そうとしたこと。本条約は、こうした一切を水にながし、パリをはじめフランス全土に平和をもたらすものである」とまあ、ざっとこんなところなのだが、これでは、アルマニャック党にすべての罪をなすりつけて、スケープゴートとして追放し、手打ちをはかるのと同じである。

若いシャルルは、調停のために訪れたブルターニュ公が妻のマリ・ダンジューをブルジュに連れ帰ってくれたことには感謝したが、この条約をあっさり蹴飛ばした。

思わぬシャルルの反撃に「よき母」ヨランドも驚いたが、いちばん困った立場に追い込まれたのはブルゴーニュ公ジャンである。

ジャンは威勢よくパリに乗り込んではみたものの、大軍を率いてのパリ滞在は、いつもの通り金がかかる。そのうえ、あいかわらず官僚やアルマニャック党の反撃に関するデマやスキャンダルをたれ流したので、またまた民衆の反乱がおこった。

八月二一日、あのカボシャンと同じ肉屋仲間のカプルシュを首班とする一党が、アルマニャックの残党撲滅を叫んで、貴族の館や上層市民の屋敷を襲い、手当たりしだい虐殺し、略奪するという凶行を繰り返したのである。

さすがのジャンも、今回は手際よくこの反乱を鎮めたが、反乱の種はまだいくらでもころがっていた。なにしろ、パリ周辺には王太子シャルルに呼応する軍勢がたくさん残っている。彼らがセーヌ河をはじめとする物流のルートをおさえ、生活必需品のパリ搬入を阻止していたから、パリの民衆は、食糧不足と物価の高騰にいらだっていた。

パリをおさえ独裁体制を敷いたかにみえるブルゴーニュ公ジャンは、問題解決の決め手を欠いていた。彼には、単独でイングランドを駆逐する武力も財力もなく、かといって王位を継承してフランス全土を支配する錦の御旗もない。

ジャンは、自ら作り出した危機的状況を解消するために、どうしても王太子シャルルと交渉するか、思い切ってイングランドと手を組むか、二つに一つの難しい選択をせまられていたのである。

3　ブルゴーニュ公の暗殺とトロワ条約

ムラン会談の失敗

ブルゴーニュ公ジャンは、シャルルの懐柔に失敗すると、こんどはイングランドとの交渉に手をつけた。シェルブールを確保し、ノルマンディの都ルーアンを制して自信にあふれるヘンリー5世は、余裕をもってジャンとの交渉を受け入れた。

一四一九年五月三〇日、王妃イザボーは王女カトリーヌをともない、ムラン郊外にしつらえられた会場に現れた。国王シャルル6世は、例によって病がおもく、欠席である。

ヘンリー5世は、クラレンス公、グロスター公、カンタベリー大司教、ウォーリック伯を従えている。歓迎のために大掛かりなスペクタクルが演じられ、宴はつづいたが、肝心の交渉は少しも先にすすまない。

ヘンリーは、六〇年も前に「おひとよしの王様」ジャンと結んだブレティニー条約を振りかざして、ギュイエンヌ、ガスコーニュ、ポワトーなどの宗主権を主張し、そのうえ王女カトリーヌをイングランド王妃に迎えようというのである。両国の平和のためにカトリーヌを嫁がせることはやぶさかでないとしても、ヘンリーの領土への野心が大きすぎた。

「よろしいか、私たちは王の御息女とともに、私たちの望むものをすべて手に入れる。それがいやなら、王もあなたも王国の外に追いやられるのだ」というヘンリーの言葉を聞いたとき、ジャンのなかで何かが切れた。

「陛下、お好きなようになさるがよろしい。しかし、あなたが王や私どもを王国の外に追い出す前に、あなたは疲れきってしまうでしょう。きっと、そうしてみせます。」

売り言葉に買い言葉である。これで会談は決裂した。

こうなれば、ブルゴーニュ公ジャンに残された手段はただ一つ。王太子シャルルとの和解交渉の再開である。

シャルルとの最初の会談は、同じ年の七月八日に、ムランにほど近いワインの名産地プーイで行なわれた。ジャンは、シャルルに型どおりの臣下の礼をとり、シャルルも持ち前の礼儀正しさで応じた。

会談は二回にわたって行なわれ、十一日には「二人の間の友情と和解と団結」が確認され、ジャンはシャルルの「善良で真実に満ちた親族」として「身分にふさわしく礼をつくす」と誓った。一方のシャルルも、「過去をこころよく水に流し」、ブルゴーニュ公を「身近で忠誠心あふれる親族」として遇することを約束した。

二人は「以後、王国の大儀のために、互いを尊重し、力をあわせ、それぞれの役割を果たし」「共通の仇敵イングランドの劫罰に値する所業と戦う」ことで合意したのである。

王太子とブルゴーニュ公は兄弟のように抱きあい、聖なる十字架と聖書にかけて誓い合ったのみか、君主の言葉にかけて、この世とあの世、心と体にかけて宣誓した。

この誓いには臣下も賛同し、同じく聖書にかけて誓い、同じ月の十三日には、コルベイユの城に場所を移してミサにあずかり、シャルルとジャンが同じ一つの聖体を二つにわって分かち合うというパフォーマンスまで演じられた。平和が宣言され、万歳が繰り返されたのである。

この和解の報はたちまちパリにも届き、貴族も、聖職者も、民衆も大きな喜びに包まれた、とパリの一市民は日記に書き残している。

二人は八月二六日にモントローの橋の上での再会を約して、別れた。

橋の上の暗殺劇

しかし、シャルルもジャンも、和平を誓ってはみたものの、落ち着かなかった。というのも、これまで事あるごとに、こうした茶番が繰り返され、聖書にかけた誓いや友情が反古《ほご》にされて、暗殺劇が繰り返されたからである。

とくにジャンは、自らが演じた十二年前の王弟ルイ暗殺を思い出していたに違いない。あの時も、同じく聖書に誓い、ともにミサにあずかり、同じ聖体を分かち合ったのである。

最終的な決着をためらいぬいたジャンは、八月二十六日に予定された会談を九月十日に延期した。橋はセーヌ河とヨンヌ河の城と町をつなぐ合流点にあり、橋は柵によって三つに仕切られ、中央に会見用の舞台がしつらえられていた。ジャンは城の側に、シャルルは町の側に、それぞれ陣を敷き、双方が十名の供をつれて、まず橋の入り口の柵をくぐり、つづいて会見場の柵をくぐるという仕掛けである。双方が入城すると会見場の入り口には鍵がかけられ、手勢がなだれこむ隙はない。

九月十日の午後三時、城に到着したジャンは、この舞台をあらかじめ腹心のピエール・ド・ジアックに下見させたうえで、ミサにあずかり、ゆっくりと食事をとり、五時ころになってやっと会場に姿を見せた。

十人の供とともに最初の柵をくぐり、さらにもう一つ柵をくぐる彼のうしろで錠がおろされる。シャルルの腹心タンギー・ド・シャテルが歩み寄ると、ジャンはタンギーの肩をかるくたたき、供のものにむかって「彼は頼りになるぞ」と声をかけ、シャルルに一歩近づいて膝をつき、深々と頭をさげ、臣下の礼をとった。

ひと言、ふた言あいさつが交わされたところで、シャルルが小さく合図した。「いまだ」とタンギー

図 35　ジャンの暗殺

橋の上の暗殺。15 世紀の年代記の挿絵。ブルゴーニュ公ジャンを暗殺するタンギー・ド・シャテル。左に立つのは王太子シャルルであろう。

が叫び、手にした小さな斧でジャンの頭を割った。かつて王弟ルイに仕えたギョーム・バタイエが、「おまえは、主君ルイの手首を切り落とした。今度は、おまえの手首が飛ぶ番だ」と叫んで襲いかかる。王太子の後ろの柵が開かれて手勢がなだれ込む。「殺せ、殺せ」の叫びのなかで、ジャンは床に倒れこんだ（図35）。

これは、十九世紀末の歴史家デュフレーヌ・ド・ボークールの記述によって、ジャン暗殺の場面を再現したものである。

ジャンがどのように殺されたかは、じつのところ明らかではない。一説によれば、長い会談の末に怒

自然（生物）、環境

ビジュアル版 動物たちの地球大移動

編　著：B・ホアー
監　訳：別宮貞徳

日本図書館協会
選定図書

空と海と大地をめぐる神秘のライフ・サイクル

不思議と神秘に満ちた動物たちの移動の実態とその仕組みを、美しい写真と最新の研究成果を盛り込んで紹介。

B4 判 176 頁／ 8,000 円＋税／ 978-4-903487-33-5

旭山動物園前園長
小菅正夫氏
東京大学教授
樋口広芳氏
絶賛！

生物、地質、歴史、伝記

西洋博物学者列伝

編著：R・ハクスリー
訳：植松靖夫

日本図書館協会
選定図書

アリストテレスからダーウィンまで

手づかみで〈知〉を蓄えていった偉大な博物学者たちの営みを、美しい博物画とともに紹介。

B5 判 360 頁／ 9,500 円＋税／ 978-4-903487-26-7

博物学者
荒俣宏氏
埼玉大学名誉教授
奥本大三郎氏
絶賛！

歴史、人類学、考古、自然（生物、地学）

ビジュアル版 人類進化大全

著：Ch・ストリンガー
訳：馬場悠男、道方しのぶ

日本図書館協会
選定図書

進化の実像と発掘・分析のすべて

ヒトの進化の実像を、貴重な画像と進化研究の第一人者による丹念な解説により克明に再現。

B5 判 240 頁／ 12,000 円＋税／ 978-4-903487-18-2

東京大学総合研究
博物館教授
諏訪元氏
ニューイングランド大学教授
P・ブラウン氏
絶賛！

数学、哲学、歴史、伝記

ビジュアル版 数の宇宙

著：P・J・ベントリー
訳：日暮雅通

日本図書館協会
選定図書

ゼロから無限大まで

数の神秘的な性質や数どうしの関係を数学者たちの生きざまやエピソードを紹介しながら平易に語る。

B5 判 272 頁／ 5,800 円＋税／ 978-4-903487-27-4

宇宙物理学者
池内了氏
絶賛！

演劇、芸術、文学、歴史

シェイクスピア百科図鑑

監修：A.D. カズンズ
監訳：荒木正純・田口孝夫

生涯と作品　The Shakespeare Encyclopedia

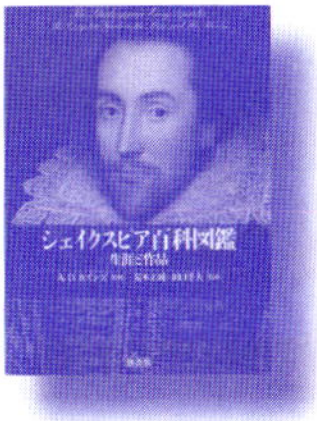

阿刀田高氏絶賛！
「本という文化を目いっぱい盛り込んだ名品だ」

あたかも時空を超えたかのようなシェイクスピアの魅力の全貌に迫る！　シェイクスピアの作品すべて、あらすじや時代背景、解釈の変遷、公演場面や映画のかずかずを紹介。

日本図書館協会選定図書

B4 判 304 頁／ 9,500 円 + 税／ 978-4-903487-39-7

歴史、地理、社会、経済、産業、技術、軍事

世界鉄道百科図鑑

編著：D・ロス
訳：小池滋・和久田康雄

蒸気、ディーゼル、電気の機関車・列車のすべて　1825年から現代

種村直樹氏、曽根悟氏推薦！
「一日も早く頁をめくりたい」「なじみの薄いものも収録」

蒸気、ディーゼル、電気の車両を 1000 点近い写真・イラストとともに収録。創成期から現代にいたる世界各地の機関車を網羅し、製造工場や鉄道会社、各車のたどった履歴も詳述。

日本図書館協会選定図書

B4 判 640 頁／ 20,000 円 + 税／ 978-4-903487-03-8

歴史、地理、社会、経済、産業、技術、軍事

船の歴史文化図鑑

編著：B・レイヴァリ
訳：増田義郎・武井摩利

海と航海の世界史

グリニッジ海事博物館＆スミソニアン博物館協力
海と人との 5000 年にわたる壮大なドラマ——

古代文明から現代に至る船舶の発展と、未知なる地を求める冒険心あふれる航海の世界史を、美しい図版とともに紹介。歴史的な海戦や航海の様子も再現。

日本図書館協会選定図書

B4 判 402 頁／ 16,000 円 + 税／ 978-4-903487-02-1

悠書館　出版のご案内　2011.03

〒113-0033 東京都文京区本郷 2-35-21-302　HP においても見本含め詳しく掲載
電話 03-3812-6504　FAX03-3812-7504　☞ http://www.yushokan.co.jp/

騎士道百科図鑑

KNIGHTS in History and Legend

コンスタンス・B・ブシャード［監修］

堀越孝一［日本語版監修］

B4 判 304 頁／ 9,500 円＋税／ 978-4-903487-43-4

佐藤賢一氏推薦！
「魅力的な叙述に達者な目配りで、知らず読みふけってしまう」

〈騎士〉と〈騎士道文化〉を
あますところなく紹介！

中世ヨーロッパの戦場や宮廷では、騎士たちはきわだった存在だった。十字軍、百年戦争などで主役を演じる騎士たち。鎧に身を包み、紋章に飾られて、レディーに想いをよせる。アーサー王の物語や聖杯伝説の主役となった騎士たち。史実と伝説がないまぜになって歴史を彩った人物群像。騎士になる訓練、騎乗する馬の飼育、剣や槍に鎧、名だたる合戦の様を臨場感ゆたかに描き出す。

もくじ（抜粋）

りに身を任せ、剣に手をかけて詰め寄ったのはジャンであったともいう。タンギー・ド・シャテルがあわててシャルルを会場の外に連れ出すと、待ち構えた手勢がなだれ込み「殺せ、殺せ」と叫んで、惨劇が起こったのだそうだ。

この密室殺人が、果たして用意周到に準備された計画的犯行なのか、それとも突発的な出来事なのか、それすら定かではない。

しかし、これがもし計画犯罪であったとすれば、首謀者は誰か。

犯人はだれだ

ブルゴーニュ公ジャンの殺人がもし計画犯罪であったとすれば、首謀者は誰なのか。

当時、シャルルの側の重要な政策決定を行なう顧問官は十三名だった。しかしそこには、ジャン殺害の積極的な動機をもつものは少ない。

まず顧問官のうち六名は、ロベール・ル・マソンをはじめヨランドの息のかかったアンジュー家の旧臣である。彼らは、イングランドとの戦いをさけ、ブルゴーニュ公との和解を推進する立場にあった。残り七名の顧問官のうち三名はシャルル6世やブルゴーニュ公の旧臣であり、王弟ルイの暗殺やその復讐には関心が薄い。

十三名のうちわずか四名が、王弟ルイに仕えていた経験をもっていた。

しかし、そのうちのタンギー・ド・シャテルは、王弟暗殺の後にヨランドに仕え、バルバザンはベリー公に仕え、主人の老獪な政治手法を学んだはずである。復讐という稚拙な行為に走るには世故に長けすぎている。

残りの二名は、心の底に深い恨みを抱いていた可能性はあるが、彼らはあまりに少数派であった。

しかし、ここにただ一人、陰謀にふさわしい男がいる。それは、ブルゴーニュ公の顧問官ピエール・ド・ジアックである。

ジアックは、ブルゴーニュ公ジャンの愛人であったとされる妻のジャンヌ・ド・ナイアックとともに、公にシャルルとの会談をつよく勧め、シャルル側の交渉人タンギー・ド・シャステルとも打ち合わせを重ねている。互いの疑惑が疑惑をよび、疑心暗鬼のうちに、しだいに陰謀がかもし出された可能性は否定できない。状況は、どちらがどちらを暗殺してもおかしくない危機に満ちていた。

しかもジアックは、事件の当日、モントロー橋の会議場視察を行ない、安全を確認し、ブルゴーニュ公に最後の決断を促した張本人である。

そして彼は、ブルゴーニュ公とともに城の側から会場に入り、事件のどさくさにまぎれて、シャルルの軍の待機する町の側に出て行った。

ジアック夫人もまた夫と行動をともにする。ジャンの遺体とともに、早々に現場を引き払ったブルゴーニュ軍から離れ、モントローに残り、シャルルの軍に合流した。

ジアックをこの殺人の陰の仕掛け人とする証拠はなにもない。あるのは状況証拠だけである。

しかし、ジアックはこの事件の後、急速にシャルルの宮廷で頭角をあらわし、一四二四年には、ついに顧問会議の筆頭の座にのぼりつめ、栄華をきわめた。

彼は、壮絶なほどの美男であったと伝えられる。彼のまわりにはスキャンダルがたえなかった。かつてパリ市長であったタンギー・ド・シャテルが、贅沢と生活の乱れを理由に王妃イザボーをヴァンセンヌから追放した時に、そのスキャンダルの渦中にいたのもこのジアックであった。同僚のボルトンが袋に詰められてセーヌ川に投げ込まれるのを尻目に、イザボーの女官であったジャンヌ・ド・ナイアックとともに危機をまぬがれ、手に手を取ってブルゴーニュ公の宮廷にむかった経緯がある。そして今また、二人は王太子シャルルのもとに走ったのである。

ジアックはなぜこの悲惨な殺人を主導したのか。理由は不明である。しかしこの事件から利益を引き出したのは、おそらくは彼一人であったにちがいない。

歴史はしばしば、個人のよこしまな欲望によって思わぬ方向に捻じ曲がっていくのである。

トロワ条約とシャルルの廃嫡

この事件から百年ほど後、フランス王フランソワ1世がシャンモルの修道院にジャンの墓を訪れる。このとき案内の修道士が、ジャンの頭蓋骨にあいた穴を示しながらこういった。

「陛下、この穴からイングランド軍がフランスに侵入したのです。」

歴史は、まさにそのように動いた。

イングランドの侵攻と王太子シャルルの反撃で権威をうしない、民衆からも見放されていたはずのジャンの人気は、皮肉なことに、その死によって沸騰した。パリでは盛大な追悼ミサが行なわれ、その非業の死をおしみ、王太子に対する復讐の声があいついだ。

ジャンの跡をついだ新しいブルゴーニュ公フィリップは、父には似ず、きわめて冷静なリアリストだった。フランドル育ちの三代目のブルゴーニュ公には、祖父や父のようなフランスに対する未練はなかった。ブリュージュやガン（ヘント）の新しい絵画や音楽、先進的な技術の生み出す美しい布や工芸に囲まれた「美しい生活」こそ、彼の性格にあっていた。

父ジャンの死によって、フィリップの考えは固まった。ジャンの失敗は、イングランドとフランスの間に逡巡し、フランスに期待をかけたことにある。そのジャンが死んだいま、残された道は一つ。イングランドと手を組んで、フランドルとブルゴーニュの平和を守るのみである。パリのように大きいだけで魅力のない町は、欲しければヘンリー5世にくれてやればよいのである。

一方、王妃イザボーもこのフィリップの立場にあわせて、素早く活動を開始した。

彼女は、ジャン暗殺直後の九月二〇日には、イングランド王ヘンリー5世に手紙をおくり、「王太子シャルルがプーイで交わされた約束を破り、ジャンを暗殺したこと」を非難し、「新しいブルゴーニュ公フィリップの復讐を援助して欲しい」と訴えている。

そして翌一四二〇年一月には病のシャルル6世から、王太子を「父親殺し、王権の敵、公共の敵にして破壊者、神と正義の敵」として弾劾する手紙を引き出したのである。

パリの世論とイザボーの援護を受けたフィリップは、一四一九年十二月二日に、アラスでイングラ

図36　ヘンリー5世とカトリーヌの結婚
1401年生まれのカトリーヌは、シャルルの2つ違いの姉である。彼女はヘンリー5世の死後、チュダー公オーエンと再婚し、終生イングランドを離れなかった。

ンドと交渉し「イングランド王ヘンリー5世を、フランス王女カトリーヌの夫に迎え、フランス王位の後継者とし、摂政の座にすえる」ことで合意した。

そして一四二〇年五月二十日に、あの恥ずべき「トロワ条約」が締結された。

フランスは二一世紀の今日にいたるまで、戦いに敗れるたびに数々の屈辱的な条約を敵国と交わしたが、このトロワ条約ほど恥ずべきものはほかにない。とにかく王妃イザボーが実子シャルルを「不義の子」であると暗に認め、廃嫡してしまったのである。

もちろん実際に文書化された「ト

ロワ条約」全三一条には「不義」の「ふの字」もみられず、格調たかい。しかし、政治の裏を読むことにたけた大衆の間には、王妃の乱れた生活のスキャンダルと「不義の子シャルル」のイメージが、しっかり刷り込まれてしまった。

そしてこれ以後、フランス王もイングランド王ヘンリーもブルゴーニュ公フィリップも、「自称王太子シャルル」を相手とせず、ということになった。

この条約締結から十二日後の六月二日、イングランド王ヘンリー5世はフランス王女カトリーヌと結ばれ、正式にフランス王の摂政となり、十二月一日にはパリ入城をはたす（図36）。

シャルルの反撃と南仏政策

トロワ条約の締結によって、もはや「フランスの敵」ではなく、いわば官軍となったヘンリーの軍隊はサンス、モントローなどの要衝を攻め落とし、ムランを包囲した。

こうしたイングランドの攻勢をまえに、王太子シャルルも黙っていたわけではない。彼は各地に暗殺劇を正当化する手紙をおくる一方、直接の支持を呼びかけるために、リヨンを皮切りに、南フランス各地歴訪の旅に出た。まずトゥールーズに赴き、高等法院を立て直し、町の支配を確立した。つぎにニームに向かい、町に陣取るブルゴーニュ支持派を一掃した。さらにル・ピュイ、クレルモンと北上して、プロヴァンスのヨランドを訪れる。

南フランスの諸都市はつぎつぎと門を開き、若いシャルルを温かく迎えいれた。彼には市民に向かって語りかける言葉があり、その心をつかむカリスマ性がそなえられていたのである。たとえトロワ条約によって廃嫡され、フランスの北半分から見放されても、南フランスの支持さえあれば、シャルルは十分に戦うことができた。

そのうえ、新しく主人となったイングランド軍の存在は、しだいにフランスの反骨精神をかきたてはじめていた。

ヘンリーをはじめとするこれまでのイングランドの戦い方は、徹底的な焦土作戦と略奪が基本で、気楽で無責任なものだった。敵国を席巻するためには相手を痛めつければよいわけで、戦費も現地調達でよかったのである。

しかし、仮にもフランス王の摂政となったいま、そういうやり方は通用しない。

「トロワ条約」にも、王国各地を正しく支配し、都市の自由を尊重し、貴族たちの名誉と慣習法を尊重しなければならない、国民には不必要な税負担を課してはならないとある。

だが、軍隊の維持には金がかかる。とくにイングランド軍は、なんといっても外人部隊である。困ったヘンリーは、三部会に多額の強制貸付を課し、なんとフランス国内流通通貨の八分の一をイングランドの懐に納めることを命じたのである。その巻き添えを食った民衆には、塩やぶどう酒にかける税や重い付加価値税がのしかかった。

その上ヘンリーは、妻のカトリーヌとルーヴル宮に移り住み、盛大な宴を催し、病の王と王妃イザボーは、サン・ポル館に逼塞《ひっそく》していた。さすがのパリ市民も、この厳しい情勢をまえに、内心忸怩《じくじ》たるものがあったにちがいない。

トロワ条約締結時に弱冠十七歳でしかなかったシャルルには、もうひとつ大きな味方があった。当時、ヘンリーのイングランドと対立していたスコットランドの援軍である。

一四二一年初めには、ジョン・スチュワート伯に率いられたスコットランド軍の精鋭五千あまりがラロッシェルに上陸し、シャルルの待つポワティエに迎え入れられた。

これを見て、血気にはやったヘンリー5世の弟クラレンス公は、兄の制止もきかず、アンジェの町を包囲したが、スコットランド軍に支援されたシャルルの反撃にあい、命を落とした。三月二一日のことである。将を失ったイングランド軍は混乱に陥り、二千の死者と六百の捕虜を残して退散した。「ブージェの戦い」と呼ばれるこの戦で、シャルルは初めてイングランド軍に勝利し、大きな自信を得た。

フランス北部のノルマンディ戦線でも、シャルルの手勢が果敢に戦い、イングランド軍と取ったり取られたりの激戦を繰り返していたのである。

ヘンリー5世とシャルル6世の死

こうしたなかで、ヘンリー5世に朗報がもたらされる。一四二一年十二月六日、王妃カトリーヌが無事、第一子ヘンリーを産み落としたのである。男盛りの三十四歳のヘンリーに世継ぎが誕生し、これで彼のイングランド・フランス両国支配はゆるぎないものに見えた。

しかし、ここでも歴史はシャルルにむかって微笑んだ。

その八カ月後の一四二二年八月三一日に、三十五歳の誕生日を数日後に控えたヘンリー5世が世を去ったのである。そして、さらに二カ月後の十月二十一日、こんどは五四歳のシャルル6世が死んだ。二人の死の順序が逆であれば、たとえ二カ月でもヘンリー5世は「イングランド・フランス」両王国の王冠を戴くことができたはずである。運命の悪戯《いたずら》としかいいようがない。

そのヘンリーにかわって重たい二つの王冠を授けられたのは、まだ揺りかごに眠る、父親と同じ名前をもつヘンリー6世だった。

同じ十月の二十一日に、王太子シャルルもブルジュのカテドラルでシャルル7世として即位した。この日、フランスは一つの王国に二つの王冠をいただく「分裂王国」となったのである。

第三章　オルレアンの乙女と青髭

1　寵臣たちとの戦い

ヴェルヌイユの敗戦

シャルル7世とヘンリー6世という二人の王を戴くフランスは、やはりシャルルとヘンリーという名の二人の王の死後、しばらくは互いに均衡をたもった。

イングランド方は、パリにフランス王国摂政ベッドフォード公ジョンをおき、ロンドンにイングランド王国摂政グロスター公ハンフリーをおいて、両国の政治の建て直しをはかった。

シャルルは、南フランスに加え、ベリー、ポワトー、トゥーレーヌを支配し、アンジュー家の所領であるアンジュー、メーヌ、オルレアン家の所領オルレアン、ブルボン公の所領ブルボネ等に守られて、ロワール河以南をほぼ手中におさめていたといってよい。

二つの勢力は、たがいに小競り合いを繰り返しながらバランスを保っていたが、一四二四年八月十七日のヴェルヌイユの戦いによって、フランス方は危機を迎えることになる。

この日、一万八千のフランス軍はスコットランド人の大元帥ジョン・スチュワートに率いられて、ベッドフォード公率いる一万四千のイングランド軍と、ノルマンディのヴェルヌイユに対峙した。戦力は拮抗し、将も兵も武器をとる激しい戦いのなかで、ベッドフォード公が斧を手に大元帥ジョンに挑みかかる姿が見られたという。

しかし、スコットランド人とフランス人からなる混成軍のフランスは、例によって足並みを乱した。そして、イングランド軍はその隙をつき、かろうじて勝利した。フランス方は、指揮官ジョン・スチュワートのほか、多くの貴族が命を落とした。イングランド軍に四千、フランス軍九千に死者がでたという。

この戦いはフランス、イングランド双方に大きな痛手を残したが、とくにシャルルの受けた衝撃は大きかった。初めての総力戦で敗退し、三年前にブージェの戦いで得た自信はこなごなになった。

そして何よりも指揮官ジョン・スチュワートを失い、スコットランドの支援を無にしたシャルルには、軍を再編する手立てが容易に見つからなかった。一万八千の軍の壊滅がこうむった打撃を立て直す資金にも行き詰った。

ここから、彼の治世のうちでも最も大きな危機がはじまったのである。

戦いに打つ手を見失ったシャルルの宮廷に退廃の影がしのびよる。そして、その澱《よど》みを払拭し、危機を救ったのが、あの「よき母」ヨランドと、オルレアンの乙女ジャンヌ・ダルクである。

「よき母」ヨランドの帰還

一四一七年、夫ルイ2世を失い、女手ひとつでアンジュー家を支えることになったヨランドは、アンジュー、メーヌをはじめとする旧領を老練な臣下にまかせ、豊かなプロヴァンスの経営に専念した。エクス・アン・プロヴァンスの居城に陣取った彼女は、フランス中に情報網をはりめぐらせ、密書と密使を駆使し、さまざまの画策をした。

まずヨランドが心がけたのが、次男ルネの処遇である。

当時のアンジュー家当主、長男ルイには夫の残した所領があったが、次男ルネには小さなギーズ伯領しかない。そこで彼女が目をつけたのが、母方の実家バー公爵家である。一四一五年に兄のバー公爵をアザンクールの戦いで失い、公爵家を継いだ枢機卿ルイはヨランドの叔父である。彼は聖職についていたので子供をもつことができない。

ヨランドは交渉の末、ルイをバー家の養子とし、後継者に据えることに成功した。

さらにヨランドは、バー公爵領に隣接するロレーヌ公の娘イザベルに目を向け、こちらもたくみな戦略をもちいて、一四二〇年十月にはルネとの婚姻に持ち込んだ。

こうしてルネは、現在のアルザス・ロレーヌ地方のほぼ全域を手にいれ、大領主としての道を歩みはじめる。またしても戦いによらず戦略によって勝つ、ヨランドの勝利である。

アンジュー家は、ルイ2世の死を乗り越え大きく発展する道を開いたのみならず、ブルゴーニュ公家の所領ブルゴーニュとフランドルの間に割り込み、公国の巨大化を阻止することにも成功したのである。

一四二三年八月十九日、四年間のプロヴァンス生活をおえアンジェに帰還したヨランドがまず祝ったのが、娘婿シャルル7世と娘マリとの間に生まれた長男ルイの誕生である。

七月三日にブルジュで誕生したこの王子は、後に父シャルルを大いに悩ませながらも、百年戦争後の王国繁栄の基礎をきずくルイ11世となった。

フランスに帰ったヨランドは、とくにブルゴーニュ公ジャンの暗殺とトロワ条約締結後の関係修復に腐心し、新しいブルゴーニュ公フィリップと密約をかさね、ヴェルヌイユの敗戦直後の一四二四年九月二四日、ブルゴーニュ家との四年間の休戦条約の締結に成功する。

敗戦によって、イングランド軍の厳しい攻撃にさらされかねないシャルルにとって、ブルゴーニュ方を中立に追い込んだことは、ブルゴーニュとの戦いの勝利にも勝る成果だった。

ブルゴーニュ家につづいてヨランドが狙いをさだめたのは、イングランドとフランスの間で右往左往を繰り返すブルターニュ公ジャン5世との関係強化である。彼女は、これにヴェルヌイユの戦いに倒れた大元帥ジョン・スチュワートの後継者選定問題をからめた。

彼女はアンジェとナントの間をこまめに往復し、まず息子ルイ3世とジャンの長女イザベル・ド・ブルターニュとの縁談をまとめた。

そして、スコットランド人の大元帥ジョンの後継に、ブルターニュ公ジャンの弟のアルチュール・ド・リッシュモンを据えることに成功したのである。

図 37　大元帥リッシュモン

ブルターニュ公フランソワ１世（左）とリッシュモン元帥（右）の会見を描く 15 世紀の写本挿絵。1449 年、リッシュモンはブルターニュ公フランソワ１世の協力を得て、イングランド軍をノルマンディから駆逐した。1480 年代に描かれた「シャルル７世のための夜の祈祷」の挿絵。

しかし、このリッシュモンほど数奇な経歴をもつ人もめずらしい。

リッシュモンとは誰か

大元帥アルチュール・ド・リッシュモンは、一三九三年にブルターニュ公ジャン4世とジャンヌ・ド・ナヴァールの間に生まれた。シャルル7世よりほぼ十歳年長である。彼の母ジャンヌは、父の死後、イングランド王ヘンリー4世と再婚したので、アルチュールはイングランド王の義理の息子となり、リッチモンド（＝リッシュモン）伯領を安堵された。後にイングランドをパリから追い出すアルチュールは、最初の人生を、なんとヘンリー4世の封臣としてスタートしたのである（図37）。

一四一〇年にブルゴーニュ党とアルマニャック党の対立が激化すると、彼はまず王家への忠誠心から、アルマニャック党に加担するが、すぐにアルマニャック党にあいそをつかし、ブルゴーニュ党に鞍替えする。しかし時の王太子ルイの側近となったリッシュモンは、王太子がブルゴーニュ公との対立を深めるなかで、再びアルマニャック党に接近することとなる。

つづいて参戦したアザンクールの戦いではイングランド軍の捕虜となるが、彼の素性はもともとリッチモンド伯である。懐の深いヘンリー5世は彼を重用し、一四二〇年には解放して、フランス北部にイヴリー伯領を与える。

解放されたリッシュモンはブルゴーニュ公フィリップに仕え、一四二三年十月に、彼の妹のマルグリット・ド・ブルゴーニュを妻とした。

一四二四年にフランス軍が手痛い敗戦を経験したヴェルヌイユの戦いも、じつはスコットランド軍が、アルチュールの支配するイヴリーの町を包囲したことに端を発していたのである。

彼のこの複雑な経歴は、いかにも世渡り上手の策士を思わせるが、じつはその反対である。リッシュモンは、ひたすら筋を通す不器用な武人で、その一徹さが常に衝突をひき起こし、思わぬ人生を歩ませる原因になったというのが正しい。

しかし、そのリッシュモンが、今度はシャルル7世の大元帥に就任し、彼が倒したジョン・スチュワートの後釜に座ろうというのである。いかにヨランドの策とはいえ、今度は無理筋ではないかと思われた。

だが、なにごとも諦めないヨランドは、今回も慎重にことを進め、シャルルとリッシュモンの説得に成功する。鍵となったのは、ブルゴーニュ公フィリップの承諾である。

リッシュモンの妻は、シャルルが暗殺したジャンの娘である。この暗殺劇に深い恨みをもつフィリップは、ジャン殺害に関与したタンギー・ド・シャテルをはじめとするシャルルの臣下を排除することを条件に、アルチュールの大元帥就任を赦した。

今回もまた、ヨランドは勝利した。

ものを言ったのは、一四二四年にブルゴーニュ公との間に交わされた四年間の休戦協定の布石である。クールなブルゴーニュ公フィリップは、イングランドとのバランスを維持するために、律儀なリッシュモンを通じてシャルルとのパイプを強化する道を選んだのである。

寵臣ジアックの暗殺

シャルル7世の宮廷を支配する重臣たちの入れ替えは、ブルゴーニュ公フィリップの注文であったが、じつはヨランドの望むところでもあった。

顧問会議筆頭のルーヴェをはじめ、シャルルの宮廷にヨランドが送り込んだ老練な臣下たちは、たしかにシャルルの南フランス支配や旧ベリー公領の経営を円滑に行ない、若い王をよく支えてきた。しかし、いちど財務や司法の体制が整ってしまうと、王国の利益の分け前を手に入れ、自分の懐を肥やすことに専心しはじめていたのである。

また、タンギー・ド・シャテルに代表される古いタイプの武人は、古いしがらみに縛られて、トロワ条約後の新しい政治状況に対し、対応できなくなっていた。

ヨランドは、ここでも武力をもちいずに事態を解決した。重臣たちに長年の労をねぎらい、充分な報酬を与えたうえで速やかな引退を促し、若い世代を登用し、政権交代を断行したのである。

しかし、この世代交代には思わぬ落とし穴が隠されていた。あのピエール・ド・ジアックである。ジアックは、ジャンの暗殺劇を演出し、シャルルの宮廷に入ると、持ち前の流麗な立ち居振る舞いで王の心をつかんでいた。ヨランドもリッシュモンも、この悪党を見逃してしまったのである。

ジアックは王の財政を握ると、ルーヴェにかわって顧問会議筆頭の座につき、思う存分に権力をふるいはじめた。

このジアックは、ちょうど『四谷怪談』の民谷伊右衛門のような凄みをおびた色悪だった。彼は、妻のジャンヌ・ド・ナイアックをブルゴーニュ公に差し出し、橋の上の暗殺劇を演出した。そして、一四二五年には、妊娠したジャンヌに毒を盛り、馬の背に乗せてひきまわしたあげく、森に捨てた。翌朝、ジャンヌは狼に食い荒らされて、無残な姿をさらしたという。

これは、もちろん噂である。しかし、この噂は誰知らぬこともないような、真実として流布した。もしフランスに鶴屋南北に似た作者がいれば、この噂をもとにすさまじい芝居を書いたにちがいない。

妻を始末したジアックは、すぐに金持ちで美しい未亡人カトリーヌ・ド・リール＝ブシャールと再婚した。

ジアックは、その後も王の寵愛を笠にきて、ヨランドの忠臣ロベール・ル・マソンを追い落とし、新しい王の忠臣リッシュモンと衝突を繰り返した。もはや看過できない状況である。

一四二七年二月、ヨランドはリッシュモンに知恵をさずけ、ジアックのライバルであったラトレモイユを誘って、ジアックの寝込みを襲わせた。彼らはジアックとカトリーヌの寝室を襲い、裸同然のジアックを逮捕した。

騒ぎは近くに眠っていたシャルルの耳にも届いたが、リッシュモンは護衛たちを制して、ジアックをブルジュに連行し、裁判にかけ、拷問のすえ罪を自白させた。

ジアックははじめ抵抗したが、死を逃れられないと悟ると全ての罪を告白し、死刑執行人に、処刑のまえに悪魔と契約した右手を切り落としてくれるように頼んだ。執行人はジアックの頼みを聞き入れ、右手を切り落としたうえで、ジアックを皮袋につつみ、市内を流れるオーロン河に放りこんだという。

よくできた話だが、ここで注意しなければならないことが一つある。それは、ジアックの切り落とされた右手である。思い出してほしいのだが、一四〇七年に暗殺された王弟ルイも、一四一九年にモントロー橋で殺害されたブルゴーニュ公ジャンも、手首を切り落とされている。

つまりルイもジャンも、じつは悪魔と契約したことを理由に処刑されたのである。手首の切断は、悪魔使いに悪魔との決別を赦す、いわば「武士の情け」なのだ。もちろん、ジアックの手首が本当に切り落とされたかどうかは、確かめようもない。

しかし、当時、宗教裁判にかけるいとまもない「いそぎ働き」の暗殺を正当化するためには、とりあえず手首を切るのが常套手段であったのだ。

そしてまた、もう一つ忘れられないことがある。ジアックの同僚であったラトレモイユは、事件の後、時をおかずにジアック未亡人の美しいカトリーヌ・ド・リール＝ブシャールと再婚した。彼もまた、ジアックをうわまわる色と欲の人であり、その後、堅物のリッシュモンを大いに悩ますことになる。

ブルターニュ問題とリッシュモンの孤立

ジアックに代わりシャルルの宮廷を指揮とることになったジョルジュ・ド・ラトレモイユは、武人リッシュモンとはまったく違った経歴をもつ。

シャルル6世とブルゴーニュ公の侍従を務めたギイ・ド・ラトレモイユの次男で、早くから宮廷に出入りし、一四〇七年にはブルゴーニュ公家の侍従長となり、一四一四年にドーフィネ地方の総督、一四一七年にはフランス王家の侍従長などを務め、その間の一四一六年にベリー公の未亡人ジャンヌ・ド・ブーローニュと結婚し、一時のこととはいえ、オーベルニュ伯とブーローニュ伯という大貴族の二枚看板の称号を得ている。

しかし、結婚当時三十八歳であった未亡人ジャンヌは、年下の夫のつれない態度に接して自分の過ちに気づき、オーベルニュとブーローニュを姪のマリに譲って、一四二四年に死んだ。

ブルゴーニュ公ジャンの死後、シャルル6世に仕えることになったジョルジュは、四十代半ばにさしかかっており、大貴族で「お坊ちゃまくん」のリッシュモンとは違い、世の中の塵にまみれ、酸いも甘いも知り尽くした世俗の人だった。

共通の敵ジアックを葬った二人は、互いに、立場を越えて助け合うはずであったが、そうは問屋がおろさない。たちまちにして袂を分かち、真っ向からぶつかり合う羽目になった。

原因は、あの優柔不断なブルターニュ公ジャンがまた心変わりしてイングランド側に寝返り、トロワ条約を認めると言いはじめたことに起因する。ノルマンディにおけるイングランドの攻勢に追いまくられジャンが弱気になることはヨランドには織り込み済みだが、若いシャルルには許せない。

ブルターニュ公の弟リッシュモンは、主君と兄との間にたち、苦しい立場に追い込まれる。おまけに彼は戦が下手で、大元帥就任以来すっかり負けが込み、黒星先行の状態だった。

太平の世であれば「棚飾り役」に申し分はないリッシュモンだが、なにせ乱世である。すっかりシャルルに見放されて、ブルジュの宮廷にお出入り禁止となり、給与もラトレモイユに差し止められた。

ここで彼が黙って謹慎していれば問題はなかったのだが、かえって所領の城の守りを強化し、さらに一四二八年七月には、日頃からラトレモイユに不満を抱く大貴族どもをあつめて、シャルルとラトレモイユの不在をついて、ブルジュの町を包囲するという実力行使にでた。

幸い、ことは喧嘩両成敗で穏便におさまり、王と反乱分子との和解が図られたが、リッシュモンだけは謹慎処分をとかれず、ますます孤立を深めていったのである。

ベッドフォードの攻勢

イングランド軍を率いるベッドフォードが、こうしたシャルル陣営の足並みの乱れを見逃すはずはない。一四二八年六月、ソールズベリー公ジャンが、六千の兵を従えてカレーに上陸した。彼らの使命は、アンジュー公の支配するメーヌとアンジューを攻め、ロワールを越えてブルジュを落とすことである。

彼らはオルレアンに狙いを定めた。これは、中世的騎士道の慣行からすれば、明らかに不当な攻撃である。イングランドは、アザンクールの戦いでオルレアンの領主シャルルを捕虜としており、高額な身代金や生活費を受け取る代わりに、彼の所領を保全する義務を果たさねばならなかったからである。しかし、時は戦国、騎士道などものともしないご時世になっていた。

ソールズベリー公は、フランス方の手勢をくわえ一万二千の軍を率いて、シャルトルを経て、オルレアンに向かって攻め下った。途中の町をつぎつぎと支配下に加えながら、十月十二日にオルレアンに到着し、包囲を開始する。

大方の歴史家は、イングランドの攻勢をまえにシャルルはなんの手も打たず、ジャンヌ・ダルクの到着まで手をこまねいていたと記述するが、そうではない。

彼は十月一日、シノンで三部会を招集し、イングランドと戦うために四十万リーヴルの支援金（エード）を求めている。

オルレアンの町は、代官ラウール・ド・ゴークールによって守られていたが、シャルルは、救援のために、オルレアン公シャルルの弟で私生児のデュノワ伯ジャン、ラ・イールことエティエンヌ・ド・ヴィニョル、ピトン・ド・グザントラーユなど百戦錬磨の手勢に加え、スコットランドからの援軍を送り込んだ。

スコットランドとの間には、その支援関係をさらに強化するために、わずか五歳の長男ルイとスコットランド王ジャック1世の娘マルグリットの婚約が整えられたばかりだった。

オルレアンの攻防

当時のオルレアンは、ロワール河の右岸にそって展開する細長い町で、城壁によってしっかり守られていた。周囲は、ドメニコ会をはじめとする十ほどの修道院が取り囲んでおり、イングランド軍は、これを遠巻きに包囲するかたちをとっていた。

ことに重要だったのは、右岸と左岸をつなぐ橋である。橋には図38のように、右岸に二つ、中央に一つ、左岸に二つの砦が築かれ、町をしっかり保護していた。とくに、この左岸の砦は「トゥーレル」と呼ばれ、町を守る要であった。

イングランド軍は、十月十七日に戦闘を開始した。オルレアンの人々は、女も交えて戦いに参加し町を守ったが、翌十八日には、この「トゥーレル」が陥落し、橋は通行不能になった。

しかし十月二十四日、フランス軍にとって予期せぬ幸運が訪れた。一人のフランス兵の放った石が、塔の上で指揮をとるソールズベリー公に命中し、あっさり指揮官の命を奪ったのである。

図38　1428年当時のオルレアンの町

ロワール河にかけられた橋の手前に堅固なトゥーレルの要塞が描かれている。

将を失ったイングランド軍の指揮は乱れたが、ベッドフォード公はただちにサフォーク伯を指揮官とし、スケイル卿とタルボット卿を補佐におくことで体制を立てなおした。しかし、戦いは長期戦の様相をおびてきた。

イングランド軍はオルレアンを、ルーアン攻略と同じように兵糧攻めにし、時間をかけても確実に降伏を迫ろうとする。これに対してオルレアン方も、周囲の町を焼き払い、イングランド軍の糧道をたつ作戦にでた。

この作戦の最初の山場は、一四二九年二月二十九日にやってきた。

この月の九日、シェークスピアの芝居に登場する、あの太っちょで大酒のみのフォールスタッフが、千五百人の兵隊に守られた馬車三百台を率いてシャルトルを出発したという知らせが、シャルルの陣営にもたらされたのである。

図 39　オルレアンの包囲

ロワール河の南岸からオルレアンの町を攻撃するイングランド軍。「シャルル 7 世のための夜の祈祷」挿絵。

この朗報に、オルレアンを守るデュノワ伯と援軍スコットランドの指揮官は、数千の兵を引き連れて出発した。

戦いは、情報を制し数に勝るフランス方の圧倒的な優位に終わるはずだったが、またしても二人の指揮官の呼吸がみだれた。おまけに支援に馳せ参じるはずのクラレンス公が遅れをとり、フォールスタッフは、まんまと馬車三百台の食料と千五百の援軍をオルレアンに送り届けることになる。

これが、世にいう「ニシンの戦い」であり、以後フォールスタッフは、飲むたびにこの自慢話を繰り返すことになった（図40）。

オルレアンの乙女ジャンヌ・ダルクがシノンの城に到着したのは、この戦

図 40　ニシンの戦い

15 世紀末に描かれたニシンの戦いの図。ニシンの樽を守るイングランド兵に、手もなく打ち倒されるフランス軍の姿が描かれている。「シャルル７世のための夜の祈祷」挿絵。

い直前の二月二三日であり、彼女は、この敗戦にまつわるドタバタをたっぷり見聞きしたに違いない。

2　オルレアンの乙女

ジャンヌ・ダルクの奇跡

ジャンヌは、五八年の生涯のなかでシャルルが出会った、たった一つの奇跡である。

彼女は一四一一年頃、ロレーヌの片田舎ドンレミに生まれた。十三歳のときに初めて神の声を聞き、ためらいながらも、その声につき動かされて一四二九年二月十三日、ドンレミに程近いヴォークルールの町を出て、シノン城のシャルルのもとにたどり着いた。

神の奇跡などというと、さぞ摩訶不思議に満ちていて、記録も曖昧だろうと思われがちだが、彼女の場合は違う。幸か不幸か異端審問にかけられたために、克明な記録がある。それも、悪意に満ちた敵方の記録である。この記録と、後年、ジャンヌの顕彰のために開かれた復権裁判における証言をあわせると、彼女の全体像が浮かび上がる。

いまから六百年ほど前、日本でいえば足利義持の時代に生まれ、わずか十九歳で命を落とした庶民の記録としては驚くほど正確な記述である。この記録の正確さもまた、彼女の残した奇跡の一つと言えるだろう。

ヴォークルールを出発したジャンヌの一行は八名だった。ジャンヌとその兄弟一名、騎士のジャン・ド・メッツ、従臣のベルトラン・ド・プーランジと三名の従者、そして案内のコレ・ド・ヴィエンヌである。彼らはブルゴーニュ公とイングランドの支配する敵地を抜けて、六つの小川と一つの大河を渡り、八日の後にジアンでロワール河をわたって、やっと安全地帯に入った。

ジャンヌはシノンに近いフィエルボワに宿をとると、シャルルに到着を告げる手紙を送った（図42）。手紙の扱いをめぐってただちに会議が開かれた。ラトレモイユと宰相ルニョ・ド・シャルトルは、ジャンヌと王の会見を阻止しようとしたが、ヨランドがそれを押し切った。二月二三日、ジャンヌが到着すると、夕刻にあの有名な会見が行なわれた。

大広間の松明の明かりのなか、シャルルは並み居る廷臣のかげに隠れ、わざと粗末な身なりをして

いる。男装のジャンヌはつかつかと王の前に歩み寄り、

「王太子殿下、神のご加護がありますように」といった。

「王は私ではない。あちらにいる」

シャルルが否定すると、ジャンヌは微笑みながら、

「神の名にかけて申し上げましょう。あなたが王太子です。私は、あなたとあなたの王国を救うために、神の使命をおびて来たものです。天の王は、私に、ランスにおいてあなたを戴冠せよと命ぜられました。あなたは、フランス王として聖別され、天の王の執政官、フランスの王となるのです」といった。

図41　ジャンヌ・ダルクの生家

故郷ドンレミに残るジャンヌの生家。窓が小さく、室内は暗い。15世紀初頭の民家の姿をよくとどめている。

これが、ジャンヌの示した最初の奇跡である。ドンレミを出発した彼女にはおよそためらいというものがない。十三歳の時にはじめて神の声を聞いてから、迷いに迷いを重ねた結果、彼女のなかの「逡巡」は「確信」に昇華されていたのである。

これからオルレアンの解放までは、

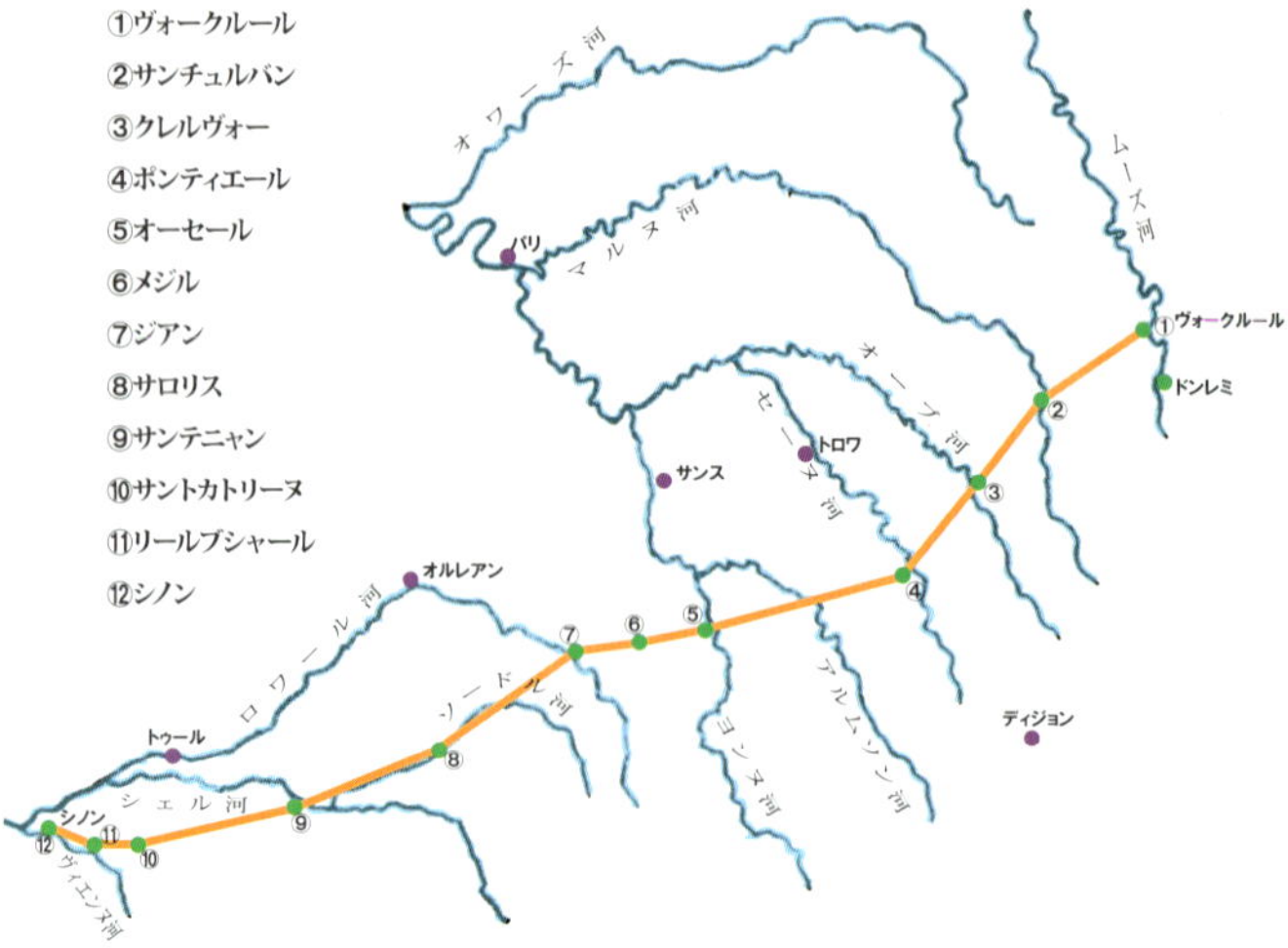

図 42　ジャンヌの辿ったシノンまでの行程

ヴォークルールをたったジャンヌは、敵地を抜けて、ほぼまっすぐにシノンに向かっている。よほど熟練した案内人が同行しなければ不可能な最短コースである。

一気呵成である。

この十七歳の田舎娘の声を聞いたものは、デュノワ伯やアランソン公のような高位の指揮官から、ラ・イールやグザントラーユのような荒武者にいたるまで、たちまちのうちにジャンヌの魅力に引き込まれた。あの青髭ジル・ド・レもまた、その一人だった。ジャンヌは、身分をとわず誰とでも打ち解けることのできる、言葉と行動の力を備えていた。

オルレアンの解放

四月二九日、白馬にまたがったジャンヌはオルレアンに入城した。

このときイングランド軍はすでにオルレアンの包囲を完成し、総攻撃の態勢を整えていた。

慎重なデュノワ伯は、すぐにでも反撃を開始しようとするジャンヌをおしとどめ、五月四日の援軍到着まで待つように説得した。

五月五日はキリスト昇天の祝日である。ジャンヌは兵士たちに、ミサに参列し罪の赦しを請うことをもとめた。そして、イングランド軍に向かって矢文を送り、悔い改めて囲みを解くことを勧告した。イングランド兵たちはもちろん聞く耳をもたない。

五月六日、攻撃がはじまり、川を渡ったフランス軍は激しい戦いの末、トゥーレルの前にそびえる

図 43　ジャンヌ・ダルク像

1429 年 5 月 10 日、オルレアン解放直後にパリ高等法院書記クレマン・ド・フォーカンベルグが覚書の隅に描いたジャンヌ像。フォーカンベルグは、もちろんジャンヌに会ったわけではないが、当時の人々の抱いたジャンヌのイメージを伝える貴重な記録である。

図 44　オルレアンの解放

15 世末の写本にみられるオルレアンの解放。ロワール河を渡り、イングランド軍を駆逐するフランス軍の姿が描かれている。「シャルル 7 世のための夜の祈祷」挿絵。

オーギュスタン砦を落とし、翌七日にはトゥーレルに挑みかかった。

はしごを掛けてよじ登るフランス軍は、橋の入り口のアーチを燃やし、重なる犠牲をいとわず執拗に攻めつづけた。午後の戦いのさなか、ジャンヌは敵の矢を肩にうけるが、ふたたび白馬に乗って出陣する。

夕闇が迫り、デュノワ伯は撤退を決意する。しかしジャンヌは引かない。そして、ついに難攻不落と思われた砦が落ちた（図44）。

翌八日は日曜日だった。イングランド軍は砦をでて戦列をつくり、フランス軍も戦いの準備をしたが、ジャンヌは攻撃を禁じた。彼女にとって、日曜は神のさだめた安息日なのである。

両軍は一時間ほど対峙したが、突如、イングランド軍が踵をかえし退却をはじめた。オルレアンは解放されたのである。

しかし、ジャンヌは休まなかった。オルレアンに近いメン・シュル・ロワール、ボージャンシー、ジャルゴーなどの拠点に退いたイングランド軍は、態勢を整えなおして、再び襲いかかろうとしている。彼女は、シャルルに戦いの結果を報告し終わると、ランスでの戴冠をいそぐように強くすすめ、ふたたびイングランド軍との戦いに備えた。

戦いが再開されたのは六月十二日である。

ジャンヌはまず、サフォーク伯の守るジャルゴーを攻めた。オルレアンに似てロワールに沿ったこの町は、ジャンヌの姿をみると、ほとんど戦うこともなく落ちた。イングランド兵はジャンヌと戦うことを恐れ、浮き足だっていたのである。

六月十七日のボージャンシー攻撃の折に朗報がはいる。戦列を離れていたあのリッシュモンが、千二百の手勢とともに参戦したのである。ジャンヌは、王の不興をこうむっている大元帥をあたたかく迎えた。ボージャンシーも難なくフランス軍の手に落ちた。

翌十八日はパティの戦いである。この日もジャンヌの軍はイングランド軍の足並みの乱れをついて大勝し、サフォーク伯、スケイル卿、タルボット卿という三人の指揮官を捕虜にしたのである。

イングランド軍の死者は二千四百にのぼり、フランス方の損害は軽微だった。

ランスでの戴冠

オルレアンは解放されたが、ランスまでの道のりは危険にみちていた。ロワール河を越えると、その先はほとんどの町が、イングランド軍かブルゴーニュ軍の支配下にあったからである。

そのうえ、シャルルの懐には金がない。打ち続く戦で国庫は底をついていた。なんとか金策に成功してジアンに兵を集めてみたが、今度はラトレモイユと宰相ルニョ・ド・シャルトルが抵抗を開始する。

彼らは、ランスに向かうよりは、イングランド軍の跋扈《ばっこ》するノルマンディをたたくべきだというのである。ラトレモイユたちにとっては、王の戴冠などはどうでもよく、とくにジャンヌの影響力の拡大は自らの権力維持のために望ましくない。

しかし、パティの戦いに勝利し、サフォーク伯をはじめ敵将を捕獲したことが決め手となり、ジャンヌの主張がとおった。

六月二九日、王の出発を宣言する布告が全土にむかって発せられ、ランスまでの敵中横断二五〇キロの困難な旅がはじまる。

最初の町オーセールは、早くも堅く扉を閉ざして入城を拒否し、シャルルの軍は三日間、城壁の外ですごさざるをえなかった。長い交渉の末、町は食料を提供することを受け入れ、軍はやっと次のトロワにむかうことができた。

隠忍自重のこの旅は、たとえて言えば義経を抱えた弁慶の「勧進帳」にも似ていた。とすれば、安宅関にあたる山場はどこか。それは、トロワである。この町は、ブルゴーニュ公とイザボーのいわばお膝元であり、かつてシャルルを「ブルジュの王」の地位に追い込んだ「屈辱のトロワ条約」調印の地である。

六百名のイングランドとブルゴーニュの兵に守られた市民はまずは強気にかまえ、ジャンヌの送った手紙を焼き払い、返事の代わりに悪魔祓いの修道士リシャールを送りつけた。

これに対してジャンヌも、聖水を撒き十字をきりながら歩み寄るリシャールに、「もっと勇気をだして近くにおいで。私は空に飛んだりはしないから」と呼びかけたというから、相変わらずである。

しかし、城門は閉ざされたままだった。

閉口したシャルルは顧問会議を招集し、ラトレモイユと協調路線をとる宰相ルニョ・ド・シャルトルは、ランスへの行軍を諦めるように働きかける。しかし、ヨランドの腹心ロベール・ル・マッソンがジャンヌの意見を聞くように求めた。ジャンヌはここでも強くランス行きを主張し、数日の猶予を得た。

そしてジャンヌが軍を率いて攻撃の構えをみせ、町にむかって直接に呼びかけると、町は使者を送り、シャルルを王と認めるとともに、降伏条件の交渉をもとめてきた。ジャンヌの不思議な力を、トロワ市民も内心おそれていたのである。

シャルルは、町に自治を認め、ブルゴーニュ支配の諸都市との交易を許した。

図45　シャルルの戴冠
15世末の写本挿絵にみられるシャルル7世の戴冠。そこには、ジャンヌ・ダルクの姿はない。

七月十日、トロワは門を開き、シャルルは屈辱的な条約の結ばれた町に、王として入城を果たしたのである。

トロワを過ぎると、もはや抵抗を示す町はなくなり、一行は十六日の夕刻、無事ランスに入場した。

翌十七日の日曜日、朝の九時から午後二時まで、ランス大聖堂でシャルルの戴冠式が挙行された。司式はランス大司教でもあった宰相ルニョ・ド・シャルトルである。彼はジャンヌによって、はじめて自分の司教区に導かれ、晴れの挙式を主宰することができたのである。

王の聖別に欠かすことのできない聖油をおさめた聖なる器は、弱冠二十五歳のフランス軍元帥ジル・ド・レによってサン・レミ修道院から運ばれてきた。

シャルルの戴冠によって、ジャンヌの役割は終わった。彼女は、「オルレアンの町を解放し、シャルルをランスで戴冠させる」使命をおびてシノンにやってきたのであり、それ以降のことは、彼女の預言のうちには入っていない。神に託された最初の奇跡はここで終わった。もはや神の声は聞こえない（図45）。

ここからジャンヌの孤独な旅がはじまる。

パリ攻撃の失敗

シャルルの戴冠がすむと、つぎはパリの解放に向かうほかはない。ジャンヌはそう考え、周囲もそれを期待した。

しかし、ランスで王となったシャルルは、さらに厳しい目で現実をみるようになっていた。戴冠式が済むと、ランをはじめとするシャンパーニュ、ピカルディの大都市がシャルルの権威に従う姿勢をみせた。しかしパリは、二千のイングランド軍とブルゴーニュ軍に守られている。落すのは容易ではない。

彼は、七月二二日にランスをでると、ソワソン、シャトー・ティエリなどを経て、ゆっくりサン・ドニに向かって行軍し、途中八月二十八日、コンピエーニュでは、ブルゴーニュ方を代表するリュクサンブール公ジャンと一週間にわたる交渉を行ない、セーヌから北におけるノルマンディ一帯での戦闘を四カ月にわたって中止する休戦協定を結んだ。

そして九月七日、フランス歴代の王が眠るサン・ドニ修道院に到着すると、聖堂でランスにおける戴冠の儀礼を死者たちに報告し、王の地位を確実なものとした。

翌八日、ジャンヌは、アランソン公や元帥ジル・ド・レとともに、パリのサントノレ門への攻撃を開始した。午後一時頃からはじまった戦闘は夕刻までつづき、ジャンヌは腿に矢をうけて負傷する。彼女は戦いの続行を望んだが、日が落ちた。

ジャンヌの傷は軽かったが、王はバー公とクレルモン公を使者に送り、退却を命じた。戦いの継続か撤退かをめぐって、出発の前日まで顧問会議の激論が交わされたが、結局は「戦いを維持するだけの資金がない」という財務担当の一声でけりがついた。

パリ攻撃の一部始終を体験したパリ一市民の日記にも「フランス兵どもは、あの日『パリを力で襲えば、苦もなく金が手に入る、パリの金でみんな金持ちになれる』と約束して戦った乙女（＝ジャンヌ）にひどく悪態をついた」とある。

根っからのブルゴーニュ党であるこの上層市民の言葉をそのまま信じる必要はないが、戦続きの兵士たちの懐はさみしく、ジャンヌに対する不満の声も少なくなかったにちがいない。

シャルルは九月十三日までサン・ドニに滞在し、九月二一日にはジアンに帰り、あっさり兵士たちをクビにして、遠征軍を解散した。

それから半年後の一四三〇年五月二四日のことである。ふたたびリュクサンブール公ジャンの軍に包囲されたコンピエーニュの救援にむかったジャンヌは、ジャン配下の猛将ヴァンドンヌの手に落ちた。

ジャンヌの裁判と処刑

ジャンヌは、リュクサンブール公ジャンの待つマルニーの町に連行された。リュクサンブール公は、ただちに手柄をたてたヴァンドンヌに身代金を支払い、ジャンヌを譲り受け、その後六カ月にわたって手元におく。この間、シャルル7世の側からジャンヌの身柄引き渡しの交渉はいっさいなかった。

そして十一月二十一日、一万リーヴルの支払いを条件に、ジャンヌはイングランドの手に引き渡され、異端裁判を受けることになる。

身代金のやり取りは、この時代の戦争にとって重要な意味をもっていた。ポワティエの戦いにおける「おひとよしの王様」ジャンの例を引くまでもなく、巨額な身代金の獲得は戦争の一つの目的でさえあった。身代金をはずみそうな騎士は、なるべく殺さずに生け捕りにするのが定法である。ジャンヌの身柄の確保も引渡しも、こうした事情にしたがったものである。

しかし、身代金の支払いには一つのルールがあった。封建的な騎士の道徳は、捕虜を敵に売り渡すことを禁じていたのである。身代金を支払うのはあくまで本人か、その係累に限られていた。

ジャンヌのように戦功のあった者に、シャルル7世の側から身代金の支払いがなかったことも、その身柄がイングランドの手に売り渡されたことも、異例のことである。このことからして、「シャルルがジャンヌ・ダルクを見殺しにした」という悪評が聞かれるのも理由のないことではない。

一四三一年一月三日、ジャンヌの身柄は世俗の手をはなれ、異端裁判のために教会に引き渡された。

図 46　ジャンヌの火刑

「シャルル７世のための夜の祈祷」挿絵。

裁判を担当したのは、ボーヴェの司教ピエール・コーションである。裁判は三月十七日までつづき、ジャンヌを七〇カ条にわたる異端の罪で告発したが、ジャンヌはその一つひとつに論駁した。

結局、罪状は一二カ条に要約され、パリ大学の神学者のもとに送られ、そのお墨付きをえた。ジャンヌは、一時、教会の権威に従うことに同意し、男装をすてた。五月三十日、ジャンヌは獄舎で女装を続けることに困難を感じ、ふたたび男装にもどるが、これを契機として世俗の手に引き渡され、火刑に処せられた。

この裁判には、おおかたの予想に反して、異端審問につきものの血なまぐさい拷問などは登場しない。もちろん、ジャンヌを精神的に追い詰める手立ては幾度となく繰り返されたが、そのつど彼女の言葉の力に押し返された。

ジャンヌは、二年前の二月にシノンでしめした軽やかな言葉の力を、裁判の場で再びとりもどした。これがジャンヌの示した最後の奇跡である。

二〇世紀の劇作家ジャン・アヌイが、彼女を「ひばり」に喩えたように、空高く舞い上がった乙女ジャンヌは、ルーアンの五月に燃え尽きた（図46）。

かたちに残るしるしはなに一つ残らなかった。残された一塵の灰すら、跡形もなくセーヌに流された。

3　ジル・ド・レの戦い

青髭とはだれか

「むかし、町にも田舎にも美しい屋敷をもち、金の器や飾りのついた家具や金色の馬車に囲まれて暮らしている男がいました。しかし、不幸なことに、その男の髭は青かったのです。」

これは、シャルル・ペローの描く「青髭」の書き出しである。

この主人公の贅沢な生活と血まみれの残酷さがジル・ド・レと酷似しているとされたために、いつしかジルは青髭のモデルと信じられるようになった。

たしかにジルは城をいくつも所有し、男色にふけり、錬金術にこって、幼児殺しを繰り返したと伝えられる。青髭と呼ばれるにふさわしい豪華で残酷なエピソードの持ち主である。

だが、現実もまたその通りだったのか。これは、ちょっとアヤシイ話である。

ジルは、一四〇四年にロワール河畔にたつシャントセの城で生まれた。彼の父ギイ・ド・ラバルは、

図47　ペローの「青髭」

『ペロー昔話集』にギュスターヴ・ドレが描いた挿絵。青髭が、秘密の小部屋の鍵を新妻に手渡している。小部屋には、青髭に殺された血まみれの妻たちが隠されていた。

クラン家のマリと結ばれる。この結婚によって、遠縁にあたるジャンヌ・ド・レの遺産を継承した彼は、名門ラバル家の名を捨て、ギイ・ド・レとなる（図48）。

　ジルの母マリが生まれたクラン家はアンジュー地方の名門貴族ではあったが、曽祖父ピエール・ド・クランは、一三九二年、私怨から時の大元帥クリッソン暗殺をはかった、あの張本人である（三〇ページ参照）。この事件がきっかけでシャルル6世は、真夏のブルターニュ攻めを敢行し、途中、ル・マンで狂気の発作を起こした。

　ピエールの暗躍がなければ、百年戦争の後半戦はなかったかもしれない、というと言いすぎかもしれないが、彼は確かに引き金を引いたのだ。

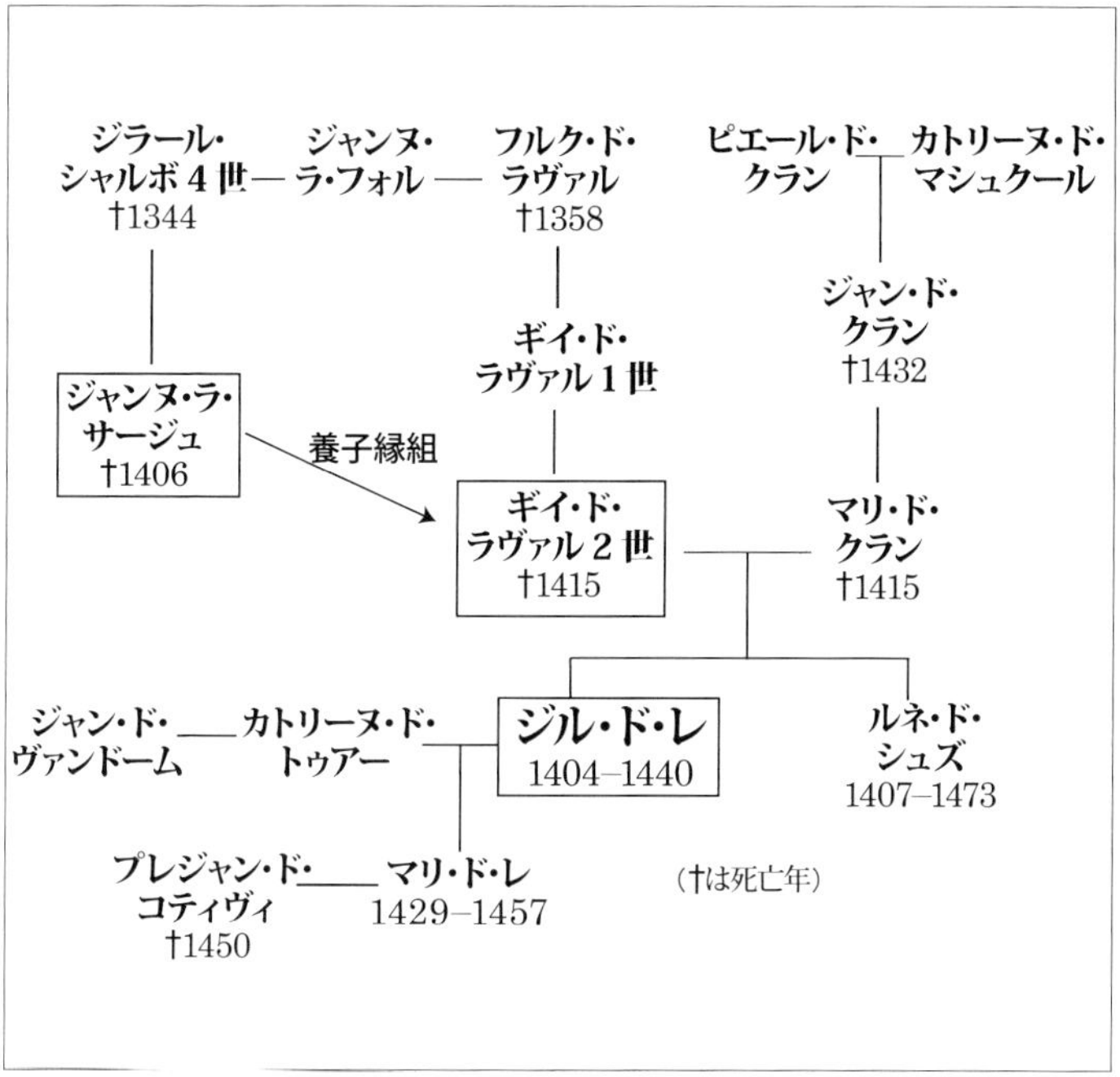

図48　ジル・ド・レの系図

ジルの父であるラヴァル家のギイは、遠縁のジャンヌの養子となってレ家を継承し、クラン家のマリを妻とした。その結果ジル・ド・レは、レ家のほかにラヴァル家、クラン家という地域の名門の血を受け継ぐ、複雑な家系の当主となった。

このほかにも彼は、アンジュー公ルイ1世のイタリア遠征資金を使い込み、主人を無念の敗死においやった罪状をもつ、名代の悪党なのである。ピエールの息子ジャンも、父ほどではないにせよ、悪知恵のはたらく小悪党であった。

しかし、彼ら親子の性格の歪みにも、理由がないわけではない。ド・クラン家やド・レ家が所領をもつロワール河の下流域は、大貴族ブルターニュ公家とアンジュー公家の支配地の境界にあったので、紛争つづきで、たえず小才をきかせていないと、たちまち大領主に飲み込まれてしまう危険地帯だったのである。ピエールもジャンも、「悪知恵を働かせなければ生きていかれない」というのが、実情であったかもしれない。

一四一五年にあいついで父と母を失ったジルと弟のルネは、この祖父ピエール・ド・クランに育てられ、大領主のあいだで生きのびる知恵と行動力を教えこまれたのである。

青髭の貸借対照表

実際のところ、ジルの所領の収入はどの程度のものだったのだろうか。

ジルに関する優れた著作を残したジョルジュ・バタイユは、ジルが「フランス王国有数の大財産の相続人」であったというが、この主張には根拠がない。当時の小貴族は、たとえ所領をもっていても、そのほとんどを家臣たちに封土として与えてしまっているのが常である。また、耕作に適した豊かな土地の多くは、裕福な都市住民や農民に買い取られていることが多く、領主の手には城しか残っていないということもしばしばだった。

領主ジルの場合、その所領経営からの収入に関する記録が皆無に等しい。おそらくジルは、地道に稼いでもたいして収入にならない土地経営に深い関心の持ちようがなかったのではあるまいか。

こうした封建的な所領経営とは対照的に、ジルが大きな収入を期待できたのは、所領のブールヌフで生産される塩と、領内を流れる河川の通行税だった（図49）。

今日でも、ゲランドをはじめとする北フランスの塩は名高いが、中世期にはロワール河口からジロンド河口にかけての塩はよく知られていた。とくにジルの所領のブールヌフの塩は、ヨーロッパ中で愛用されていて、ハンザ諸都市のドイツ商人やイングランド商人が、商品管理のために倉庫をたてるほどだった。

商人たちは、商いの許可をブルターニュ公から得なければならなかったが、ジルが塩の生産から販売の過程で得た利益は少なくなかったにちがいない。

そのうえジルと祖父のジャン・ド・クランは河川の要衝をおさえていたので、塩の流通に対して、価格の四分の一から五分の一にあたる高額の税をかけた。

しかし問題は、ジルに、こうした所領の豊かな財源をじょうずに管理して育て上げる才能と関心がなかったことである。彼は地道に稼ぐことをせず、つねに一攫千金を夢みて危ない橋を渡り続けた。

たとえば、彼の結婚である。祖父ジャンの教育のよろしきをえて、彼は二度婚約し、三度目にやっと結婚した。

図49　ジル・ド・レの所領地図

最初は一四一七年で、相手はアンビイの領主フゥールクの娘ジャンヌである。ジルは十三歳、ジャンヌは四歳。明らかに財産目当ての婚約は、パリ高等法院の介入で、ジャンヌが成人に達するまで結婚を禁止され、破談になった。こりない祖父ジャンは、一四一九年にブルターニュ公ジャンの姪ベアトリスとの婚約をすすめる。この婚約は、おそらくベアトリスの死によって立ち消えになった。

そして一四二〇年十一月、十六歳になったジルは祖父ジャンと共謀して、ミエ・ド・トゥーアールとベアトリス・ド・モンジャンの娘カトリーヌを誘拐して、結婚する。カトリーヌは父親をなくしたばかりで、その資産は宙に浮いていた。ジルと祖父のジャンは、その財産を狙ったのである。

現代に生きる我々の眼からすれば、十六歳は社会的責任を負うこともできない子供である。しかし、中世の十六歳は、世故に長けた立派な大人であることを要求されていた。

十六歳にしていっぱしの悪党に成長したジルは、その三年後の一四二三年、なんと妻の母親ベアトリスを拉致し、ティフォージュとプゾージュの城を強引に奪うという暴挙にでる。ジルは力にものをいわせて奪った二つの城を占拠しつづけ、死ぬまで返還に応じていない。

この時代の封建領主の間では、婚約も結婚も政略によるのが当たり前で、金と土地のやりとりの道具である。しかし、ジルの場合は度を越していた。

彼には、ジャン・ド・ベリーやヨランド・ダラゴンのように、金や権力を手に入れるために時間をかけて根回しをする地道な戦略が欠けている。つねに性急な武力に訴えて、直接行動にでる。しかし、この武力行使には金がかかる。いつも子飼いの手勢をやしなっておかなければならないのである。ジルはいずれ、この力まかせの「いそぎ働き」のつけをたっぷりと支払わなければならなくなるのである。

ジャンヌ・ダルクとジル・ド・レ

しかし、こんな小悪党のジル・ド・レがなぜフランス軍の中枢にくいこみ、いつの間にかジャンヌ・ダルクとともにオルレアンを解放し、王の戴冠式にまで参列することになったのだろうか。

それは、祖父ジャンの働きによる。アンジュー家の封臣であるジャンは、一四二四年、ヨランド・ダラゴンがブルターニュ公とシャルルとの関係回復のために動き始めると、長年の経験をいかして仲介役として働いた。

そして、ジャンがヨランドの軍を率いることになった一四二七年、二十三歳のジルは公式戦デビューを果たす。ヨランドの所領メーヌ一帯でイングランド軍と戦い、大きな戦果をあげたのである。

ジルはこれをきっかけにクラン家の遠縁にあたるラトレモイユにも接近し、彼がジアックにかわって宮廷の権力を掌握すると、急速に地位を高めていった。

シャルル7世の宮廷を仕切るラトレモイユは、その権力維持のために傭兵をはじめとする武力の助けを必要とした。若くて度胸のあるジルは、その気前のよさと贅沢好みから宮廷生活にもすぐになじみ、ラトレモイユの懐刀として力を発揮し始めるのである。

一四二九年二月、ジャンヌ・ダルクがシノンの城にやってきた。この時のジル・ド・レの立場は微妙である。

多くの物語作者が期待したように、ジルはジャンヌの「聖性」にふれて、それまでの荒んだ生活と罪を悔いただろうか。そんな兆しは見られない。

ジルはジャンヌ到着直後の四月八日、ラトレモイユに対して、「生涯、その死にいたるまで全力をあげて仕える」という誓約をしているのである。ラトレモイユは、当時、「ジャンヌの影響をできるだけ排除しながらオルレアンを解放したい」と考えていたのであり、ジルもまたその意をくんでオルレアンに向かったはずである。

五月七日、ジルはジャンヌとともに勇敢に戦い、トゥーレルを落とし、翌八日、オルレアンを解放に導いた。

七月十七日、ランスにおいてシャルル7世の戴冠式が行なわれた。この日ジルは、生涯最高の日を迎えたといってよい。フランス軍元帥に抜擢された彼は、王の聖別に不可欠な聖油をおさめた器をサン・レミ修道院から運ぶ役をおおせつかり、王に従う最高位の武将として、終始王を護衛する役割を果たした。

ジルは、戴冠式を終えたシャルルにつきそい、コンピエーニュからサン・ドニに向かい、九月八日にはジャンヌとともに「たった一日のパリ攻撃」を行ない、王の命令で撤退する。

九月二十一日、ジアンにもどった王は、ジルに対し王家の象徴である百合の縁飾りのついた紋章をあたえ、彼のオルレアン解放と戴冠式における働きに報いた。この知らせは、ラトレモイユの居城シュリ・シュル・ロワールで書かれたもので、ラトレモイユの差し金は明白である。世故にたけ、宮廷の権力構造を知り尽くした悪党ラトレモイユは、ジャンヌに匹敵する「オルレアン解放のスター」を作りあげたかったのである。若くて贅沢に着こなしたジルは、この役にぴったりだったのだ。

ラトレモイユの失脚とジルの転落

一四三〇年五月三十日、ジャンヌがルーアンで処刑されると、半年後の十二月十六日に、イングランド王ヘンリー6世が、パリのノートル・ダムで「フランス王」として戴冠する。パリ市民は例によって華やかな見世物をくり出して歓迎したが、反応は醒めていた。ジャンヌに異端を宣告し、火刑に処しても、ランスにおけるシャルルの戴冠の重みを消すことはできなかったのである。

数日後、十歳の王ヘンリーはパリを去り、二度と再びこの町に入城することはなかった。ヘンリーの戴冠はかえってフランス国民の誇りを傷つけ、お膝元のルーアンでも反乱を引き起こし、パリ近郊のシャルトルの町もシャルルの支配に下り、戦況はむしろシャルル有利のうちに展開した。

しかし、ブルジュの宮廷はこの好機を生かすことができない。ラトレモイユが相変わらず采配をふるい、大元帥リッシュモンとの間に緊張が高まっていたのである。二人の抗争は激しさをまし、たがいに暗殺劇を繰り返すほどの険悪な状態がつづいた。

この状況を打開したのは、やはりヨランドだった。

一四三三年六月三日の深夜、彼女の三男シャルルの命を受けたジャン・ド・ブゥイユが手勢を率いてシノン滞在中のラトレモイユを襲い、モントレゾールの城に拉致したのである。ラトレモイユは、四千エキュの身代金と「すべての役職を離れて、政権を去り、二度と王には近づかない」という誓約を行ない、解放された。

クーデタを指揮した三男シャルルは、ラトレモイユに代わって宮廷の権力を掌握する。そしてリッシュモンは、ヨランドとともに軍制の改革に腕をふるうことができるようになった。

ラトレモイユの失脚は、ジル・ド・レにとっては大きな痛手だった。ジルがいったいいつまで元帥の称号を維持していたかは明らかではないが、ラトレモイユに代わってシャルルが財政を握った宮廷からは、ジルの給与は一銭も支払われなかったにちがいない。ここからジルの転落がはじまるのである。元帥として派手に振る舞い、多くの兵士をかかえたジルの財政はたちまち行き詰った。

貴族たちの戦争ビジネス

じっさい、この時代の戦争ほど指揮官にとってわりに合わないビジネスはない。

ここに、ジルと同じく元帥であったブシコーの例をあげてみよう。王命をうけてイタリア戦線で戦っていた彼は、一四〇九年にジェノヴァを放棄し、一年以上にわたって、失地回復のためにピエモンテ各地を転戦した。この間、彼は軍を維持するために自腹を切り、じつに二四回の軍の再編をし、そのつど騎士たちに給与を払い続け、近隣の農民を歩兵として雇いつづけたのである。

ブシコーは、その代償として一万五千フロリンを受け取ったが、小銭ばかりだったので、それをエキュ金貨に両替してイタリアに送金させた。しかし、これでは足りない。

そこで彼はアルルに使いを送り、妻の宝石や金銀の器を売り払って戦費にあてた。パリにもどった彼は、もちろん王に支払いを要求したが、また一年以上待たされて、イタリア人の両替商から年利三割の高利で二千エキュの借金をしなければならない羽目に陥る。利息支払いは、もちろん彼の自己負担であった。

王の命を受けて戦う元帥も、負け戦ではかくの如くである。戦いは、勝たなければ戦利品も賠償金も身代金もなく、支払いは軍事担当財務官の裁量にまかされる。

ラトレモイユと組んで国庫から金を引き出していたうちはジルも景気がよかったが、ラトレモイユが失脚して収入の道の途絶えたジルの身の上は、おして知るべしである。ジルは、騎士や兵士への支払いのために、毎月いや毎日、金策に追い回されたにちがいない。

ここでジルが一歩さがって、軍を解散し、自領の地道な経営にもどれば、なんの問題もなかったかもしれない。しかし、過去の栄光を諦めきれないジルは、一四三四年九月から一四三五年八月までオルレアンに滞在し、解放を記念する五月八日には「オルレアン包囲戦の神秘劇」をはじめとする様々な芝居や遊戯を上演させるに至る。

ジョルジュ・バタイユによれば、この「神秘劇」は五百人近い出演者と二万行におよぶセリフを有し、ジルは上演を繰り返すたびに「その内容によって、新しい衣装を調達させた」という。劇中、イングランド軍からトゥーレルを奪い返したときの模様を再現する場面では、ジルの軍旗や旗印が使用されたという記録がある。

ジルはこの華やかな見世物を利用して、もう一度自分の果たした役割を再現し、財力を誇示することによって、歴史の表舞台に返り咲くことを期待していたのであろう。

しかし、この目論見は一夜の夢と消えた。ジルは、オルレアン滞在中に金を使い果たす。城を売り払い、馬を売り払い、宝石や金銀細工を質入して、宿代を払ってオルレアンを退散した。

ジルの禁治産と異端裁判

資産管理能力のないジルは、オルレアンの散財をきっかけに、弟ルネをはじめとする近親者の訴えを受け、一四三五年七月二日付でシャルル7世から禁治産を言い渡される。この布告に際して、ジルの資産に関する実に細かい記録が作成されたので、当時の彼の資産状況はいまでもしっかり確認できる。彼はこれ以後、これらの資産を売買する権利を失い、もはや誰とも契約を交わすことができなくなったのである。

この知らせは、トゥールやアンジェのような大都市のほか、ティフォージュやプゾーニュといった彼の所領の隅ずみまで知らされた。

しかし、ここに王の命令など聞く耳もたない買い手が一人いた。ブルターニュ公ジャンである。ジャンにとって、ブルターニュとアンジェの境界に位置するジルの所領は非常に魅力的だった。ジャンはこの布告を待っていたように、八月半ばには前々から目をつけていたモット＝アショーを買い、十一月にはあの塩田ブールヌフとプランセの利権を買い取った。

ブルターニュ公の危険な動きを察知したジルの親族は、有力な地方貴族ラヴァル家に働きかけて、この動きを牽制する。また、ロワール河沿いの要衝、シャントセ城の売買をめぐっては、アンジュー家も介入した（図49を参照）。

ジルは一四四〇年五月十五日、土地の売買をめぐって、サンテチエンヌ・ド・メール・モルトの教会で暴力事件を起こす。これをきっかけとして、ナント司教でありブルターニュ公の宰相であるジャン・ド・マレストロワの調査が開始され、ジルは九月十五日に逮捕された。

ジルの罪状には、サンテチエンヌ・ド・メール・モルトの暴行事件のほかに、幼児殺しの罪が付け加えられた。教会における暴力行為にも異端の嫌疑がかけられたので、世俗裁判に加えて異端審問の審理が開始され、十月十三日に、幼児の殺人、黒魔術の行使、男色、教会の聖域を踏みにじった罪など四九カ条にわたる起訴状が読み上げられた。

ジルはこれをただちに否定するが、やがて自白を重ね、十月二十六日に絞首刑のうえ、火刑に処せられた。

しかし、裁判官マレストロワの調査とジルの自白が信用に値するものであるかどうかは疑わしい。マレストロワはナント司教であり、ブルターニュ公の宰相である。彼は、ブルターニュ公にかわってジルの利権や土地や城の買収をすすめた中心人物であった。

禁治産を宣告されたジルの弱みにつけこんで、時には自らの利益のためにも資産を買い叩いたマレストロワは、久しい以前からジルを陥れようと機会をうかがっていた可能性が高い。ジルの幼児殺しや降魔術に関する罪状は、すでに広がっていた噂を頼りに、サンテチエンヌ・ド・メール・モルトの事件以前から入念に調査されていたのである。

しかも、この事件には物的証拠が何もない。

九月十五日にマッシュクールの城でジルが逮捕されると、待ちかまえていた十名ほどの捜査官が押し入り、大きな箪笥や暖炉をあさった。まるで現代の税務調査のような光景である。城は隅からすみまで捜索されたが、出てきたのは「少量の灰のようなもの」だけだった。さらに数日の捜査の結果、ジルの錬金術と降魔術の中心人物であったプレラッティが住んでいた家から、悪臭をはなつ血のつい

図 50　火刑台にむかうジル・ド・レ

ジルと共犯者 2 名が処刑された。後世の写本挿絵より

た幼児の下着が発見される。この灰と下着が、民衆たちの訴える幼児殺しの噂と一致したので、ジルの罪の動かぬ証拠とされたのである。

ジョルジュ・バタイユが『ジル・ド・レ論』のなかで、これでもかというほど詳しく述べているジルのおぞましい犯罪行為はすべて証言にもとづくもので、なんら物的な裏づけがない。

ジルの土地と金はどこにいったか

ジルは、自白し、火刑に処せられ、その共犯二名も処刑された。戦争という学校で暴力を学んだジルは、幼児や女性を誘拐し、人質にとり、殺害したことがあったに違いないから、死をもってその罪をあがなったともいえよう。

しかしジルの死後、事件は意外な展開をみせる。

まず、ジルを幼児殺しの降魔術に誘い込んだ張本人、二十三歳の若いイタリア人錬金術師のプレラッティである。彼は、裁判の折にも臆することなく悪魔を降ろし、その意に従ったことを認めたが、なぜか死刑をまぬがれ、終身刑を宣告された。そしてまもなく脱獄して、なんとアンジュー公ルネに雇われる。

ルネはプレラッティを重用し、ラロッシュ・シュル・ヨンの代官に登用した。ルネが錬金術やイタリアの先端科学に関心をもったのは分かるが、なぜこの怪しいイタリア人に町の支配を任せたのかは謎である。

プレラッティはここにジルの残党をあつめ、住民に法外な税を課するなど、やりたい放題をして、一四四五年に逮捕され、絞首刑になった。

ジルのおぞましい犯罪にかかわり、ともに幼児を惨殺したとされるジル・ド・シエをはじめ悪い仲間も逃げのびて、まっとうな生涯を送った。

ジルの親族であるクラン家とド・レ家の人々はどうなったか。彼らは、ジルの散財のおかげですべてを失ってしまったのだろうか。じつは、まったくその反対である。彼らは、ジルを裁いたブルターニュ公家に敵対するアンジュー家とフランス王家の保護をうけて、立派に生き延びた。

図 51　遺産裁判

遺産相続の裁判を描いた 1450 年頃の写本挿絵。主人が死ぬと魂は天国に行くが、ただちに遺産が公証人によって書き取られ、相続人たちが争い、裁判が開かれる。

まずジルの妻のカトリーヌ三十三歳は、シャルトルの貴族ジャン・ド・ヴァンドームと再婚し、やっと普通の幸せをみつけた。

十五歳の娘のマリは、四十四歳のプレジャン・ド・コティヴィと結婚した。結婚にあたって、マリはジルの資産の継承を条件とし、その三分の二をマリが、三分の一をプレジャンが受け継ぐことで合意する。プレジャンは、その後ジルの残した資産の保全に全力をあげ、一四四八年六月二三日にはブルターニュ公から「ジル・ド・レの子孫に対する封土の完全な所有を認める」という約束をとりつける。

プレジャンの死後、ジルの資産をめぐる争いはプレジャンの親族とマリの間に持ち越され、複雑な展開を見せるが、結局は、ジルの弟ルネに受け継がれ、訴訟は一四七三年の彼の死まで続く。その間、問題とされたのは、ジルのおぞましい罪や、名誉回復ではなく、土地と金の継承問題であった。

戦争の血にまみれたジル・ド・レは、民衆が噂し、バタイユが望んだような「聖なる怪物」の生涯をおくったわけではない。世俗的な人生を歩み、世俗的な闘争に巻き込まれて死んだのである。

彼をとりまく錬金術や黒魔術の噂も、当時の金持ち貴族なら誰でも行なっていたものの一つにすぎない。たとえば、あの王弟ルイは、悪魔と取引した手首を切られて暗殺された挙句、パリ大学のプチ・ジャンに四時間にわたって黒魔術や毒殺未遂のかどで非難されたのである。

ジルは男色家であったかもしれないが、それも当時の通例である。女性の少ない戦場で男色が横行するのは、近世までの日本をみればよくわかる。

彼が財産をかたむけた演劇や音楽や宝石の収集も、ベリー公やブルゴーニュ公からみれば、子供の遊び程度のものにすぎない。

世俗的に生きた彼の死後には、世俗的な親族による形見分けが待っていた。

第四章　フランス王シャルル7世の権力と政治

1　パリへの遠い道のり

シャルル5世のお手本

後世の歴史家による、ジャンヌ・ダルク登場以前のシャルル7世の評判は、きわめてよくなかった。好色であるとか美男によわいとかいう話はまあ笑って許せても、無気力でやる気がない、優柔不断で決断力にかけるという評価が定着しているのは問題である。

現実のシャルルは、若くしてフランス王国の執政となり、イングランドとブルゴーニュ公の間に立たされて「ブルジュの王太子」「ブルジュの王」として、冷静に考え果敢に行動し、無気力とは程遠い。時にはブルゴーニュ公ジャンの暗殺のような無謀な企てに加担するほど、大胆な側面もあった。

しかし、たしかに政治は停滞していた。ジャンヌ・ダルクの登場によって、何がかわったのか。

まず、イングランド、フランス、ブルゴーニュ公国の力の均衡が変化した。

オルレアンの解放によって、宿敵イングランドの脅威をはねのけ、ロワール河以南のフランス支配が確実となり、さらにフランスにおける戴冠によって、シャルルは本当のフランスの王となり、ロワール河以北のフランスもその権威に従いはじめた。

しかし、現実の情勢は、期待されるほど大きく変化したわけではない。

シャルルが、パリ攻城に賭けるジャンヌを援助しなかったことは事実である。

コンピエーニュの町の扉を閉ざし、むざむざとジャンヌを敵の手に渡した罪も軽くない。

さらに、異端裁判におけるジャンヌの孤独に一度たりとも手をかそうとしなかった薄情は、卑劣な裏切りとそしられてもしかたない。

しかし、ここでシャルルの優柔不断や無気力な性格をもちだすことは、正しいとはいえない。王であるシャルルは、ジャンヌとはちがった現実に直面し、その解決に時間をさかざるをえなかった。一気呵成に邁進するジャンヌとは違う判断を迫られていたのである。

一四二九年九月八日、シャルルはなぜパリをあきらめ、ブルジュに帰ったのか。一言でいえば、金と軍事力が足りなかったからである。

当時のシャルルは、フランス王とはいえ、常備軍をもっていたわけではない。軍隊は戦いのたびに再編され、金をあつめて雇いなおさなければならない。事実、ジアンに帰還した軍は、ただちに解散させられている。

シャルルの懐は、つねに火の車だった。所領の経営による恒常的な収入は、ブルゴーニュ公やアンジュー公とくらべて、けっして多いものではない。しかしシャルルは不足を補うために、あの「おひとよしの王様」ジャンのように貨幣の改鋳を連発するという愚策には走らなかった。

軍資金を集めるために、集金旅行を行ない、地道に三部会を招集して臨時課税の徴収を訴え、厳しい交渉を繰り返した。

王は、ジルのような一匹狼の武人とちがって、戦利品や捕虜の身代金をあてにした戦争ビジネスに走るわけにはいかないのである。

当時の王政を支える行政機構も、顧問会議とか宰相とか大蔵卿とか、役職は立派だが、今日の大蔵省や内閣のように国家予算をたて、国政を運営していたわけではない。組織よりも個人の集金能力が優先され、いくつもの抜け道を通って集められる金は、つねに王以外の個人のポケットを潤しつづけていたのである。この仕組みは、派閥の領袖のほうが首相よりも羽振りのよい日本政界の台所に似ている。政治資金規正法を整備してもかならず裏があるのは、いつの世も同じである。

パリを前にしたシャルルには、ラトレモイユが提供する軍資金がなければ戦う金がなかったのが実情だったのだ。

フランスでフランスの王となったシャルルには、時間をかけて解かなければいけない二つの宿題があった。

一つは、税制を改革し、国家運営の恒常的な資金を確保すること。

もう一つは、軍制を改革して、傭兵に頼らない常備軍を維持することである。

この二つの政策には、もちろんお手本があった。あの「かしこい王様」祖父シャルル5世である。

ランスにおける戴冠とパリ攻撃は、シャルルにとって大切な通過点であった。ジャンヌは一四三〇年五月に火刑になったが、残されたシャルルは、その先三〇年以上にわたって、お祖父さんの与えてくれた宿題に苦しむことになるのである。

アラスの和約

一四三三年六月のラトレモイユ更迭によって、宮廷の権力構造は大きく変わった。クーデタを指揮して王の信任をえたヨランドの三男シャルルは、その後ながく側近として王を支えることになる。ラトレモイユとともにあった旧臣ロベール・ル・マソン、デュノワ伯、宰相ルニョ・ド・シャルトルは残ったが、そのほかの顔ぶれは一新された。いわば、ここでシャルル自前の内閣が成立し、彼が王として存分に力を発揮できる態勢が整ったといえる。

明けて一四三四年春、シャルルは、ランス戴冠披露の「南フランス行幸」を行なう。この旅には、いつもの集金のほかに、戴冠式に列席できなかったヨランドへの表敬訪問の意味もあった。トゥールーズ、モンペリエなどラングドックを歴訪したシャルルは、タラスコンにヨランドを訪ねた。ヨランドはあらためてシャルルの戴冠を祝い、盛んな祝宴をはった。

タラスコンの町をでたシャルルは、さらにローヌ河を遡り、ヴィエンヌに向かう。今回の旅の締めくくりとして、この町でラングドックの三部会を招集した。

ヴィエンヌに集まった南仏諸都市の貴族、聖職者、上層都市住民を前に、シャルルはイングランドとの戦いの継続を訴え、金貨十七万枚の支援金を獲得した。集金旅行は、またしても成功をおさめた。

明けて一四三五年一月、いよいよブルゴーニュ側との新たな交渉がはじまった。まずヌヴェールで予備会談が行なわれる。

交渉は最初の狙い以上に進展し、その後七カ月の準備の後にアラスで開かれた平和会議は、教皇特使をはじめ、カスティリア、アラゴン、ナヴァール、ポルトガル、シチリア、ポーランド、キプロス、デンマークなどの王を集め、まさに「アラス・サミット」の様相を帯びていた。

主催国ブルゴーニュは、フィリップが妻と息子シャルルをともなって出席し、宰相ニコラ・ロランが実務をとりしきった。

フランスも、王こそ顔をみせなかったが、国王代理としてブルボン公、大元帥リッシュモン、宰相ルニョ・ド・シャルトル等が顔をそろえた。

この会議では、あわせてフランスとイングランドの和平問題も取り上げられたので、イングランド代表としてボーフォール枢機卿、ホランド卿、サフォーク卿などが出席し、あのピエール・コーションも末席をけがした。

イングランドは、各国代表を出し抜き会議の主導権を握るために、最初に到着した。会議の主催者ブルゴーニュ公に、ヘンリー6世の代理として全権を委任し、彼が、ブルゴーニュ代表としてではなく、イングランド代表として交渉を進めるように諮るためである。フィリップはもちろんこの提案を拒否し、あくまでブルゴーニュ公として和平交渉を行なう旨を宣言した。

この程度の挫折にはめげないイングランドは、次にシャルル7世に対して、「王女を一人ヘンリー

6世の妻として差し出せば、ロワール以南の大半の所領を安堵し、さらに三〇年から四〇年の休戦協定に応じる」と提案した。これも、現状からすれば虫のいい話である。

もちろんフランスは拒絶し、これで全ての思惑のはずれたイングランド代表はさっさと引き上げた。あとは、フランスとブルゴーニュの交渉を残すのみである。

フランスにとって、モントロー橋の暗殺で父親を失ったフィリップは、手ごわい交渉相手だった。

しかしこの会議の席に、思わぬ知らせが届く。

九月十四日、「フランス王ヘンリー」の摂政ベッドフォード公がパリで亡くなったのである。この知らせは、会議を支配する力関係を微妙に変え、フランスとブルゴーニュの交渉を早期妥結に向かわせた。

そして一週間後の九月二一日、シャルル7世とブルゴーニュ公フィリップの間に合意が成立する。交わされた和約の内容は、どうみてもブルゴーニュ公の要求通りで、フランス側の全面的な敗北にみえる。

なんとシャルルは八万二千八百エキュもの賠償金を払い、モントローの暗殺に倒れたジャンのためにさまざまの償いをしたうえで、北フランスのブルゴーニュ公所領の既得権を全面的に認めてしまったのである。これでは、ブルゴーニュ「公国」をブルゴーニュ「王国」に格上げするも同然である。

しかし、その譲歩の裏を読むと、シャルルの獲得ポイントは多かった。

この和約によって、フィリップは、形ばかりとはいえシャルルをフランスの王と認めたことになる。

彼は、フランス王国においてはシャルルに臣従の礼をとることになり、ブルゴーニュとイングランドとの同盟は、当然、破棄される。

この日から、イングランド王ヘンリー6世を、「イングランド・フランス両国の王」として認めるものは、ブルターニュ公をのぞいていなくなったといってよい。

シャルルのフランスは「実を捨てて、名をとった」のである。ここで認められた「フランス王」の名が、後々まで大きな役割を果たすことになる。

パリ解放

アラスの和約を契機として、ふたたび「官軍」の地位を獲得したシャルルの軍勢は、「賊軍」イングランドをノルマンディから駆逐する「レコンキスタ（再征服）大作戦」を開始する。

条約の効果は劇的で、フランス王の軍隊を前にしたパリ周辺都市はあいついで城門を開いた。

一四三六年初頭、シャルルは、ローヌ河以北の「ラング・ドイル地域」諸都市の代表を集め、トゥールの町で三部会を招集した。

一四一八年に先代ブルゴーニュ公ジャンがパリを制覇して大盤振る舞いを約束して以来、都市にかかる諸税は破棄され、都市は国家の存在すら忘れかけていた。

会議に先立ちシャルルは、ブルゴーニュ公国の代表を含む三部会の代表たちにアラス和約の承認をもとめた。そして、自らもこの条約の遵守を約束したうえで、王としてイングランドとの戦いを呼びかけ、王国に対する支援獲得に成功する。

シャルルは、命からがらパリを脱出した一四一八年の悪夢からほぼ二〇年ぶりに解放され、フランスの主として劇的なカム・バックを果たしたことになる。

一方、パリ解放の準備は着々と進められていた。

同じ年の二月二八日、シャルルは、パリの人々にあてて布告をおくり、「これまでの経緯の一切を忘れ、水に流し」、人々に「これまで通りに、名誉と自由と特権を保証する」という特赦の約束をする。同時に彼はブルゴーニュ公フィリップにも手紙を送り、王のこの措置を支持するよう依頼した。

そして三月八日、大元帥リッシュモンをラング・ドイル地域の総司令官に任命し、この地域におけるほぼ全権を委任した。

三月十日、リッシュモンはパリにむかって進軍を開始する。パリを支配するイングランドは、ボーモン卿が先頭にたち戦いを挑んだが、リッシュモンに一蹴された。

サン・ドニの町に入ったリッシュモンは、参謀のジャン・ド・ヴィリエとともにパリ攻略の戦略をねった。ブルゴーニュ公フィリップのもとでパリ総督をつとめた経験をもつジャン・ド・ヴィリエの提案は単純明快である。パリ北部を攻撃する構えをみせてイングランドの目を北に誘導し、そのすきに、南のサン・ジャックから入城すればよい、というのである。

三月十三日未明、リッシュモンはサン・ジャック門の前にたつ。待ち受ける市民の代表が、シャルルの「特赦」に間違いはないか念をおす。了解がとれると、梯子がおりて、ジャン・ド・ヴィリエがそれをよじ登り、城壁の上にたどり着くと、フランス軍の旗をたてた。

その間に城門が開き、はね橋が下り、リッシュモンと手勢が馬に乗って入城する。待ち構えた市民たちが「国王万歳、ブルゴーニュ公万歳」と叫んで町に飛び出す。イングランド軍は、抵抗を示したが、たちまち砦に追い詰められた。リッシュモンはそれ以上彼らを攻撃せず、静かにパリから撤退することを許した。

パリは解放された。

一四一八年に、若かったジャン・ド・ヴィリエは、まったく同じ手口を使ってブルゴーニュ公ジャンをパリに迎え入れ、町を解放した。だが、今回の解放はあの時とはまったく違っていた。

一四一八年のパリは血と暴力があふれ、略奪が繰り返され、恨みをかっていたアルマニャック伯の死体が町中を引きずりまわされた。これに対し、一四三六年のパリでは一切の略奪が禁止され、その代償として、麦を積んだ百台の馬車が入城し、人々の飢えをみたした。

血と暴力の代わりに和解が演出され、昨日までイングランドを讃えていたノートルダムの聖職者やパリ大学の博士たちも裁かれることはなく、地位を安堵され、平和のミサを行ない、フランス王シャルルを讃える説教を行なった。

シャルルは、解放されたパリの新しい指揮官にヨランドの三男シャルルを任命する。

そして十二月には、ポワティエの高等法院とブルジュの会計院がセーヌ河畔にもどり、シャルルの亡命政権は、国政の中枢を首都に移す。平和戦略が功を奏し、パリは一歩ずつ「イングランドとブルゴーニュの都」から、「フランスの都」に変わっていった。

2　野盗退治と軍制の改革

野盗たちとの戦い

フランスに平和の兆しが訪れると、もう一つの大きな問題が浮上した。

これまで、イングランド、フランス、ブルゴーニュと敵味方にわかれて三つ巴の戦いを繰り返していた傭兵が、戦争の終息とともに職を失い、野盗と化して、敵味方の区別すらなく無差別に、町や村を襲いはじめたのである。被害はことに、イール・ド・フランス、シャンパーニュ、ピカルディ、ロレーヌ、エノーなど、かつてフランスとブルゴーニュが戦った地域に大きかった。

「戦争は、暴力の学校」である。戦のなかで血なまぐさい殺戮と略奪に手を染めた兵士たちは、理性や人の情け、罪の意識を失っていた。

シャルル7世の年代記作者トマ・バザンは、野盗について次のように記述している。

「武装した徒党が、王国内をさ迷い歩いている。数はまちまちで、決まった収入がない。国もなにも見境なく、無慈悲に犯す罪や残虐な行為の恐ろしさから、彼らは屠殺人とも、皮剥ぎ人とも呼ばれている。なんでも身ぐるみ剥いで奪いさり、家の屋根を棍棒で叩き壊したり、麦わらでも叩きつぶすように打ち壊すのは朝飯前である。彼らの言うなりに身代金を払うことができなければ、梁や柱を切り倒して、地面に打ち倒す。運の悪い連中は、武器をとって身を守ることもできず、哀願するだけしか手はないのに、奪えるだけのものを奪ってしまうと、こんどは皮まで剥ぎにかかる。彼らが、屠殺人とも皮剥ぎ人とも呼ばれるのは、そのせいである」（図52）。

図52　村人を追い立てる兵士
戦場となった村を捨て、落ちのびる農民の一家。女や子供にも、危機がせまる。

パリを解放して平和を演出中のシャルルは、新しい支配地ラング・ドイルを悩ますこの問題を解決する必要に迫られた。とりあえず、野盗の横行を防ぐ応急処置はなにか。それは、生活にこまった傭兵に仕事をみつけてやることである。あの「かしこい王様」シャルル5世は、かつて余った傭兵をスペイン戦線に送り込んだことがある。

シャルルもまた、祖父にならって、まずこの解決法に手を染めた。

ちょうど都合よく、ストラスブール司教が、神聖ローマ帝国の諸侯を相手に戦争を始めたので、シャルルは、手元の傭兵六千を斡旋することにした。しかし、彼らは、同じく傭兵のアルザス人とスイス人の部隊にあっさり蹴散らされてしまう。

そこで今度は、その残党を二つに分けて、一つをギュイエンヌ地方のイングランド軍との戦いに送り出し、もう一つをリッシュモンに与えて、イール・ド・フランスの有力都市モーの攻略にかかった。

ここでリッシュモンは、野盗退治に思わぬ力を発揮することになる。融通のきかない正義漢の彼は、傭兵に略奪を禁止し、違反者を即座に絞首刑に処したのである。モーの町は、一カ月の包囲の後に落ちた。一四三九年九月十三日のことである。シャルルはモーを訪れ、リッシュモンの軍の規律正しさを目の当たりにした。

シャルルはその一カ月後に、ラング・ドイル地域の三部会をオルレアンで開催する。

軍と租税の改革

オルレアンの三部会は諸都市の代表であふれかえり、活況を呈した。ヨランド・ダラゴンが自ら出席し、ブルゴーニュ公とブルターニュ公も代表をおくった。

会議は、対イングランド対策から始まったが、本当の目的は別にあった。長い議論の末、和平交渉の継続が決められると、本命の「軍制改革案」が提起され、一四三九年十一月二日に、三部会の要請に答えるかたちで画期的な勅令が発せられる。勅令は、軍制改革と租税改革の二つの部分に分かれていた。

まず、軍制の改革である。

この勅令によってフランス国王は、武装した部隊を徴集する特権を確立した。以後、勝手に傭兵の徴集を行なったものは、領主・貴族といえども、身分と財産を失うことになった。

同時に王は、野盗と戦う農民に対して、必要に応じて武装し、部隊を組むことを認めた。この決定は、農民の期待に沿うものだったが、貴族には大きな打撃を与えた。軍団を組織し、私闘を行なうことを禁じられては立つ瀬がない。

さらに王は、軍を組織する上でも大きな権限を有することになった。

勅令は、部隊とそれを指揮する隊長に国境の要塞を警護する義務を課し、勝手に持ち場をはなれることを禁止した。部隊が自己都合で任務を勝手に放棄した場合には、農民はそれに抵抗し、部隊を持ち場に連れもどし、部隊の武器をとりあげて自衛のために保持することが許された。こうした義務の遵守は、もちろん貴族にも適用された。

しかし、いかに勅令や改革が立派でも、王に部隊や隊長をやとう資金がなければはじまらない。これまでのように、その都度、三部会を開いて軍資金の提供をお願いするのでは埒があかない。

そこで提案されたのが、王による恒常的な租税の徴収と管理である。

勅令の第二部は、まず貴族から国税の徴収権をうばい、勝手に国税の率をあげ、過剰徴収することを禁じる。シャルルは、貴族に対して、所領で勝手に人頭税を課することも禁じたのである。

シャルルはこの権利を貴族から奪うと同時に、王による恒常的な税の徴収を提案した。

この措置を都市の富裕層や農民は歓迎した。民衆は、身勝手な貴族のつきつける人頭税の要求にうんざりしていたからである。

しかし、人頭税の徴収は中世貴族の伝統的な権利である。武力と金を抑えられては、貴族には立つ瀬がない。民衆の支持で可決されたこの改革は、当然のことながら貴族の強い反発をうんだ。

この年の暮れから翌年にかけて、大貴族や封臣たちの間で密会が繰り返され、反乱が準備されたのは、いわば自然の成り行きである。

プラグリー

ヨハン（ヤン）・フスの処刑を契機にプラハ（＝プラーグ）で起こった暴動にことよせて、貴族たちのこの反乱は「プラグリー」と呼ばれている。シャルルは、ある程度の反発は予測していたが、この反乱には二つの予期せぬ要素がふくまれ、その結果、王は大きな痛手を受けることになる。

その二つとは、まず、デュノワ伯やブルボン公のように古くからシャルルを支えてきた、いわば「身内」の将軍たちが反旗をひるがえしたことである。そして二つ目は、あろうことか、この反乱に長男の王太子ルイが加わったことである。

反乱のきっかけは、シャルルの遠征とそれにともなう不在である。一四四〇年二月、シャルルはポワトーとサントンジュの野盗を駆逐するために出陣した。

この機会をとらえて、デュノワ伯、ブルボン公、アランソン公らが、あのラトレモイユを参謀として動き始めた。彼らの計画は、十七歳の王太子ルイを摂政として、王を排除し、昔からの貴族の特権を維持しようというものだった。

王太子ルイが所領ニオールに滞在したのを利用して、アランソン公はルイを訪ね、陰謀を打ち明けて説得し、ルイを名目的な「人質」として、じつは仲間に引き入れることに成功した。

しかし、これに対するシャルルの対応は予想外に早かった。彼は滞在中のアンボワーズを出て、ポワティエに軍をすすめた。同時に、諸都市に手紙をおくり、王太子ルイの命令に服することのないように呼びかけた。

シャルルは、ルイの滞在するニオールにリッシュモン、グザントラーユ等をおくり、王太子の引き渡しを求める一方、ロワール一帯に部隊を集結し、ラングドックからも兵を呼び寄せた。

こうした素早い対応をみて、まずデュノワ伯が仲間を捨て、シャルルに赦しをこい、リッシュモンに加勢する姿勢をみせる。アランソン公は、形勢不利と見て、王太子をつれてニオールを去り、オーベルニュのブルボン公と合流する。

シャルルはこれにも素早く対応し、オーベルニュの有力都市クレルモンに三部会を招集して、周辺都市の支持を固めた。都市の市民たちは、イングランドとの戦いのさなかに、これ以上の混乱を起こすことを嫌ったのである。

一四四〇年七月、最後の和解の交渉がはじまった。シャルルはその間も手をゆるめず、ヴィッシー、ロアンヌ、サンセール、コルベイユなどの反乱拠点を攻撃しつづける。

図 53　プラグリー

15 世紀末に描かれたプラグリーの乱。大砲をはじめ、多数の武器を携えて進軍する反乱の首謀者たち。「シャルル 7 世のための夜の祈祷」挿絵。

シャルルの攻勢をまえに、さらにアランソン公が去り、ブルボン公だけが王太子とラトレモイユとともに残った。

七月十九日、和解をもとめて三名がシャルルを訪ねる。シャルルは、王太子とブルボン公にのみ面会を許した。ルイは、陰謀に加担した仲間に対し王の赦しを願ったが、シャルルは拒否した。

これに対してルイは「陛下、それでは私は仲間のもとに帰ります。私は、約束を守らねばなりません」と言ったと伝えられる。

シャルルはこれに対して、「ルイ、帰りの門は開かれている。もし、門が狭すぎるというのなら、お前が通りやすいように、思う存分城壁を壊してやろう」と答え、勝負は決着した。

しかし、息子との戦いにシャルルは、今回もことを荒立てることをさけ、和解の道を選んだ。交渉の席では強い姿勢をみせたが、王太子ルイにはドーフィネ地方の支配をほぼ完全に譲ることとした。ブルボン公には一万五千リーヴルの手当てを支給し、あのラトレモイユにすら外交の場への復帰を許したのである。

シャルルは無用な対立の芽を摘み、多少譲歩しても実益を確保したのである。この反乱の結果、シャルルの目指す軍制の改革と税制の改革に公然と反対する者はいなくなった。事態を静観していたブルゴーニュ公も、ブルターニュ公も、改革に異を唱えることを、差し控えるようになったのである。

もちろん、勅令ひとつでフランス全土から野盗が駆逐されるはずはない。その後も、戦闘がつづくかぎり傭兵の需要は減ることはなく、傭兵の野盗化も防ぐことはできなかった。しかし、この勅令によって国王の権限は飛躍的に増大し、フランスが、中世的な封建制から近世的な絶対王政にむかってまた一歩、歩みを進めたことは事実である。

第五章　ジャック・クールとノルマンディの解放

1　ジャック・クール

ブルジュの商人

一四三九年の三部会の決定によって恒常的な税の徴収が軌道にのったことは、王国の財務と会計の様相を一変させた。この改革の複雑な変化をたくみに利用し、王の財政と軍備を支えたのが、大蔵卿ジャック・クールである（図54）。

ジャック・クールは、ベリー公の毛皮を扱う御用商人ピエール・クールの息子として、一四〇〇年頃にブルジュで生まれた。

北欧やロシアからはるばると輸入される毛皮は、宝石や金銀細工とならぶ貴重品で、当時の貴族たちの帽子や襟元、袖口などを飾っている。ジャックの父ピエールは、ベリー公の豊かな財力に支えられて成功をおさめた。

年代記作者のトマ・バザンは、ジャックを独学の人としているが、ジャックの弟ニコラが後に教会参事会員になったことからも推測されるとおり、彼自身も高い教育を受けたものとみられる。

図54　ジャック・クール
後世になって描かれたジャック・クールの肖像。ブルジュのジャック・クールの館に保存されている。

当時のブルジュは、各国の商人をあつめる国際商業都市で、父の店を手伝うジャックはベリー公の宮廷に出入りし、父の店を手伝いながら、ロンバルディアなどのイタリア商人や、フランス各地からあつまった腕の良い職人や絵描きや詩人と交わり、その才能を磨いたにちがいない。

一四二〇年頃、町の行政官の娘を妻としたジャックは、一四二七年にブルジュの王立造幣局の運営にたずさわる。しかし、その二年後の一四二九年に、公定品位以下の銀貨三〇〇マルクを鋳造したかどで罰金刑を受ける。貨幣の不正鋳造にかかわる罪は重い。時に極刑が下される。しかしジャックは、罰金刑の後も造幣局の仕事を継続した。なぜか？

一四二九年というのは、ジャンヌ・ダルクの登場とオルレアンの解放、そして、ランスにおける戴冠と、ビッグ・イベントが続いた特別な年である。ただでさえ台所の苦しいシャルルは、軍資金獲得のために貨幣の鋳造を急いだにちがいない。若いジャックは、貨幣の品位を落とすことで、その苦しい遣《や》り繰《く》りを支えたのである。

後になって、一四三六年にパリが解放されると、ジャックは当時の仲間とともに王立造幣局の責任

図 55　ジャック・クールの帆船
ジャック・クールの館のステンドグラスに描かれた帆船。

者をつとめ、その後も王家の貨幣鋳造にかかわる重要な役割を果たした。

しかし、この時代の彼の経歴の中で異彩を放つのは、なんといっても中東（レヴァント）歴訪である。一四三二年、彼は、ナルボンヌのガレー船サントマリ・エ・サンポール号に乗り込むと、アレキサンドリア、カイロ、ダマスカス、キプロスとまわって、コルシカ沖では座礁して捕虜となり、その年の冬、命からがら帰還する。十字軍以外の理由でフランス人がイスラム教圏に乗り出すのは稀な時代である。ジャックがなぜこの旅行を企てたかは不明である。しかし、ベリー公の宮廷でレヴァント商品の豊かな取引を目にした彼が、その商品の取引現場を実際に体験したいと考えたとしても不思議はない。

当時のレヴァント商品は、ヴェネチアやジェノヴァによって、ほぼ独占的に取引されていた。商品が、めぐりめぐってブルジュの宮廷にたどり着くまでには、おそろしい流通手数料が支払われていたのである。ブルジュの商人ジャックが、その「内外価格差」の実態を知り、大きな利益を得るために、直接取引の可能性をもとめたとしても不思議はないのである。

英仏貨幣戦争と貨幣改革

一四三六年、パリが解放されると、ジャックはパリとブルジュの王立造幣局の責任者をつとめることになる。その主要な任務は、当時イングランドとの間で繰り広げられていた「貨幣戦争」に勝利することであった。

一四二〇年、トロワ条約の成立によってパリを制したイングランドは、三六年のパリ解放にいたるまで、王立の造幣局で、シャルル7世の通貨と酷似しながらわずかに品位の落ちる悪貨を鋳造しつづけた。この悪貨は、パリをはじめロワール以北の商人によってシャルル7世の支配地にもちこまれ、品位の高いシャルルの良貨と交換される。交換された良貨は、ふたたび北に返り、鋳潰《いつぶ》されて悪貨になるという循環を繰り返す。

シャルル側も対抗して、悪質なイングランド通貨を北に持ち込み、南に持ち帰って鋳潰したが、なんといっても戦場はフランスである。イングランドに比べて、フランスは分が悪かった。

一四三六年、パリを取り戻したシャルルは、この通貨戦争に勝利する大任をジャックに委ねたのである。

「悪貨は良貨を駆逐する」――これは、十六世紀イングランドでエリザベス1世に仕え、王室の財政をたてなおしたグレシャムの言葉としてよく知られているが、じつは百年戦争のさなかにも既に知られていた現実であり、「悪貨に良貨を駆逐させる」作戦は頻繁に採用された。

しかし、本当にこの法則は正しいのか。

ジャックは、思い切ってその裏をかき、「良貨に悪貨を駆逐させる」作戦にでたのである。

お手本は、またしても「かしこい王様」シャルル5世にあった。「おひとよしの王様」ジャンの通貨改悪に苦しんだシャルル5世は、良貨の鋳造で危機を乗り切った。

確かに悪貨は、一時的には良貨を駆逐する。しかし、悪貨はいずれ貨幣の信用を落とし、見捨てられ、経済の低迷をもたらす。愚かな支配者は、その解決のために更に悪化を鋳造する。「悪貨が更な

図 56　ジャック・クールの銀貨
1447 年にモンペリエで鋳造された「王の銀貨」。「ジャック・クールの銀貨」とも呼ばれ、3.35 グラムの重量をもつ。

る悪貨を呼ぶ」悪循環を断ち切るためには、思い切って他の追随を許さない圧倒的な良貨を鋳造し、国際的な基準通貨にしてしまえばいいのである。

ジャックは、一方で純金の重さと同じ名目価値を持つエキュ金貨を鋳造させると同時に、同じ価値をもつ名目銀貨を鋳造させた。そして貨幣の鋳造所や造幣担当者の数を絞り、両替業務を認可制にするなど、具体的な管理システムを構築し、通貨の輸出入を厳重な管理のもとにおいた。

これでフランス貨幣の信用が回復し、イングランドの悪貨をみごとに駆逐する結果を生んだ（図56）。

大蔵卿ジャック・クール

一四三六年、貨幣鋳造の仕事に携わるかたわら、ジャックは大蔵卿に就任する。

当時の大蔵卿というのは、絶対王政下の大蔵卿のように国家の財政をあずかる職責ではない。なにしろ、まだ恒常的な税収もなく、国家予算などない時代のはなしである。

それではジャックは、大蔵卿に就任してどんな仕事をしたか。

王室の日常的な支出の管理である。王の衣食住にかかわる物品の購入、維持管理、移動の費用の算出と調達。一見、地味な仕事のようだが、これがバカにならない。なにしろ全ての贅沢品が王の手に集まり、次から次へと消費され、家臣たちに分かち与えられ、また購入される。王はつねに一番新しく、高価なものを身につけ、光り輝いていなければ、その尊厳を失う時代のことである。ジャックの手を通して、これらの品物が湯水のように流れていった。

ところでジャックは、これらの品物をどこから仕入れたのか。もちろん自分の店からである。

ブルジュの宮廷御用達商人の生活を経験したジャックは、もうこの時代には、北はブルゴーニュ公国のブリュージュや北フランスのラロッシェル、シェルブール、サンマロから、南はモンペリエやマルセイユまで、フランス全土に支店や倉庫や通信のネットワークをもち、イタリア、ドイツ、スペインの商人たちとも取引を重ねていた。つまりジャックは、売って儲け、買って儲ける、非常に割りの良い商売をしていたのである。ジャックのこの商売は、一四五一年の失脚まで続いた。

彼が十五年にもわたって同じ手口で儲けることができたのはなぜか。それは、まず彼が商品に関するすぐれた知識と情報をもつと同時に、優秀な共同経営者や使用人を駆使して、他の追随をゆるさないような商品を調達できたからである。

当時の高価な商品の納入の仕組みは、すべて後払いや分割払いである。たとえ王といえども手元

図 57　市場の光景

当時の市場の光景。布、壷、豚、牛、ニワトリなど、さまざまなものが売られている。中央には十字架が立ち、市場の平和を守っているようだ。

には金がない。ジャックはそのつど前貸しをして、たとえ返済がとどこおっても催促はしなかった。そして、ジャックの店から商品を調達していたのは王ばかりではない。極端なことをいえば、当時の宮廷貴族のすべてがジャックの顧客であり、借金でジャックに頭を抑えられていたのである。

貨幣と商品の調達で王の信頼をえたジャックは、一四四〇年に入ると、国の収税管理のためにラングドックに派遣される。ラングドックにおけるジャックの仕事は、毎年の税率の決定である。

当時の税率は、そのつどの交渉によって決められていた。王はもちろん最大限の税収を望むが、都市の代表者は、窮状を訴えて少しでも税率の引き下げを狙う。上手に交渉し、落としどころを間違えずに交渉を終われば、調停者のジャックにも歩合で多額の収入が約束されている。

交渉上手なジャックは、さらに王の信頼を獲得し、一四四七年にはラングドックの塩税徴収をまかされた。塩税は、王国の財政を支える大きな柱の一つだった。

レヴァント貿易と銀山経営

大蔵卿であり商人であったジャックが取り扱ったレヴァントの商品は、絹、宝石、スパイス、香料、砂糖、染料から、豹の毛皮や中国の陶器にいたるまで、枚挙にいとまがない。一四四三年にジェノヴァでガレー船をはじめて建造させて以来、ジャックは四艘のガレー船を買い取り、レヴァントとの直接取引に乗り出した。

このありさまを、トマ・バザンは次のように記述している。

「全てのフランス人のうちで、はじめてガレー船を艤装したのはジャック・クールである。彼は、船にフランスで作られた毛織物をはじめとする様々な商品を積み込み、アフリカの海岸やエジプトのアレキサンドリアにまでいたるオリエントの海岸をめぐり、絹やあらゆる香料、あらゆる商品を持ち帰った。帰国すると、ローヌ河をさかのぼり、それらの商品をフランス全土に売りさばいたのみならず、カタロニアなどの近隣諸国にもたらした。ジャック以前には、こうした取引はヴェネチア、ジェノヴァ、カタロニアのみが行なってきた特異なもので、彼らの手を通してしか商品はフランスに入ってこなかった。ジャックは、この海上貿易によって、大いに富み、名をあげた」。

図 58　15 世紀の港

15 世紀の写本挿絵にみる港の風景。長い旅をおえた商人たちが、異国からの積荷をおろしている。

図 59　鉱山の採掘

中世の鉱山。15 世紀以降、さまざまな鉱山開発が行なわれ、フッガー家をはじめとする大商人たちに豊かな財と権力をもたらした。

地中海の交易をヴェネチアとジェノヴァがほぼ独占していた時代に、ジャックが建造した船は四艘にすぎない。これは、あまりに規模が小さく見える。しかし彼の艤装したガレー船は大きな帆をそなえたジェノヴァ型の船で、一度に積み込む荷物の量はかなり多かった。また、積荷自体が、絹やスパイスや宝石という軽くて高価なものばかりだった。したがって、一度の航海によってジャックが手に入れた利益は、はかり知れないものがあったと思われる。

一四四四年、このレヴァント進出にあわせて、ジャックは銀鉱山の経営にも乗り出す。リヨン郊外パンプーイにある銀山の存在はローマ時代から知られていたが、その後長く放置されていた。彼はその採掘権をシャルル7世から譲り受け、リヨンの豊かな市民数名と共同で再開発に乗り出した。

フランスにかぎらず、当時のヨーロッパは、貴金属の不足にあえいでいた。生活が豊かになり、レヴァントからの贅沢品が市場にあふれるようになる一方、ヨーロッパには毛織物や皮革製品やサフランなど、わずかな輸出品があっただけで、あとは金銀の輸出にたよるほかなかった。そのために、たえず金銀は流出し、貨幣の鋳造にも事欠くありさまで、やむなく貴金属の輸出禁止令を敷くことになったほどである。

ジャックはこうした状況を考慮して、自ら銀鉱を開発し、その銀をレヴァント貿易に利用しようと考えたに違いない。しかし、一度閉鎖された鉱山の再開発には時間がかかる。結局ジャックの仕事は、鉱山再建のインフラ整備の段階で中断し、あとはルイ11世の手に引き継がれた。この銀山は、その後大いに活用され、十八世紀まで採掘が続けられた。

2 ノルマンディ解放とジャックの逮捕

ノルマンディ解放

フランス軍の攻勢によってノルマンディとギュイエンヌに追い込まれたイングランドは、深刻な危機に直面していた。支配領域の縮小と権威の失墜によって、ノルマンディにおける税収が皆無に近くなったのである。イングランドとの関係を重視するギュイエンヌの有力都市ボルドーは、従来どおり税の支払いには応じたものの、増税には首をふった。

一三四三年、こまったイングランドは、ふたたびフランスとの和平交渉を開始する。しかしまたしても、ヘンリー6世の妻にシャルル7世の娘が欲しいというのである。

あのトロワ条約で、姉のカトリーヌがヘンリー5世に嫁いだために王位継承権を奪われ、廃嫡の憂き目にあったシャルルが、それを受け入れるはずはない。即座にこれを拒否し、かわりにアンジュー公ルネの王女マルグリットが花嫁の候補とされた。

弱り目にたたり目のヘンリー6世はこれを受け入れ、二人の婚約にあわせてトゥール条約が結ばれた。この条約は、「和平条約」というよりも、一四四四年七月から四六年四月までに限られた「休戦協定」にすぎなかったが、ノルマンディの農民にはつかの間の平和をあたえられ、都市の商人たちも取引を再開することができた。

マルグリットを王妃に迎えたイングランドでは、この条約の評価をめぐって激論が戦わされた。和平をとくサフォーク公を、タカ派のグロスター公が強く批判し、若いヘンリー6世は主導権を発揮することができない。大陸に展開するイングランド軍は、王の決めた休戦協定を無視し、イール・ド・フランスやブルターニュへの攻撃の手をゆるめず、ラロッシェル沖では海賊行為が絶えなかった。

この形ばかりの休戦協定は、さらに四年延長されて一四五〇年までとされるが、一四四八年三月、決定的な危機が訪れる。イングランド軍を率いるフランソワ・ド・シュリエンヌがブルターニュに侵攻し、ブルターニュ公の居城フジェールを落としたのである。シャルル7世は、ブルターニュの宗主として撤退を要請する。イングランド軍司令官サマセット公はこれを拒否する。

図60　フォルミニの戦い

フォルミニの戦い（1450年4月15日）におけるフランス軍の勝利。
紺地に金の百合の紋章のフランス軍（左）と、百合と獅子の紋章を
掲げたイングランド軍（右）。白地に十字はブルターニュ公の援軍。

七月三十一日、シャルルは顧問会議を招集し、ノルマンディ侵攻を提案する。ブルゴーニュ公フィリップは、フランドルの権益を守るために中立を宣言するが、シャルルの提案を支持した。

シャルルは、軍勢を①サン・ポル伯率いるピカルディ軍、②デュノワ伯の率いる中央軍、③ブルターニュ公の率いるブルターニュ軍の三つに分け、八月から九月にかけてノルマンディ掃討作戦を開始する。戦闘らしい戦闘はガイヤール城の攻防戦だけで、ほぼ全ての町が戦うことなく城門を開いた。

ノルマンディ全域の民衆に見放されたかたちのサマセット公の軍勢は、もはやこれまでと、ルーアンとカンの両都市に主力を集結する。

まずルーアンの攻城がはじまった。サマセットはさかんにイングランドに援軍を催促するが、なしの礫である。その間にシャルルはルーアンの市民宛に特赦状をおくり、都市の自治権を保証する。十月二十一日にフランス軍は入城を果たし、追い詰められたサマセットは交渉を受け入れて、十一月四日、三千とも四千ともいわれる兵とともにルーアンを捨て、カンの町に去った。

十一月十日、フランス国王シャルルは、ジャンヌを火刑に処したこの町に入城する。ランス、パリにつづく、三度目の大きな勝利であった。ルーアンの市民は、イングランドの獅子の紋章をフランスの百合にかけかえて歓迎のパレードを行ない、町の鍵をシャルル7世に献上した。アンジュー公ルネとシャルルの兄弟が顔をそろえ、ジャック・クールも廷臣たちとともに参列した。

ノルマンディにおけるイングランド軍の抵抗は、さらに一年続いた。

カンとシェルブールに拠点を移したサマセットは、一四五〇年三月に、ようやく五千あまりの援軍を迎える。しかしリッシュモンの率いるフランス軍は有利に戦闘をすすめ、七月六日にカンに入城する。うちつづく戦いに両軍の財力は底をつき、イングランド王ヘンリーは、援軍のために王冠の宝石を抵当にいれるありさまだった。フランスもまた軍資金の調達に手間取ったが、ジャック・クールの提供した一万エキュの資金で乗り切った。

一四五〇年八月十二日、シェルブールが陥落し、一年余りにおよぶノルマンディ奪回の大作戦は終了した。

ギュイエンヌ解放と奇妙な終戦

ノルマンディを取り戻したシャルル7世は、祖父シャルル5世の残した最後の宿題の完成にとりかかる。「かしこい王様」シャルルは、「おひとよしの王様」ジャンの大失敗を地道な努力によって一つひとつかたづけ、イングランド軍をこのギュイエンヌに追い込み、あと一歩で百年戦争をかたづけるところまでたどり着いたのである。

しかし、このギュイエンヌは手ごわかった。そもそもギュイエンヌという土地は、あの大領主アリエノール・ダキテーヌがフランス国王ルイ7世と離婚して、アンリ・プランタジュネと再婚してから、プランタジュネ家の領土に繰り込まれたままなのである。

このアンリが一一五四年、イングランド王ヘンリー2世として即位すると、ヘンリー2世は、イングランド国王でありながらフランス王の臣下として、広大なプランタジュネ家の領地を支配することになる。当時のプランタジュネ家の支配地は、フランス王の支配地を完全に凌駕していた（図1を参照）。ギュイエンヌとイングランドの関係は、その時以来である。しかも、プランタジュネ家のイングランド王たちは、陰気なイングランドに暮らすことよりもギュイエンヌでの生活を好み、あの「ライオン・ハート」リチャード1世などは、生涯の大半をフランスでの生活と十字軍遠征に費やし、イングランドに帰ったのはわずか数週間にすぎなかったと伝えられる。

おまけに百年戦争当時のギュイエンヌはイングランドとの経済的な結びつきが強く、特に海によってイングランドと結ばれたボルドー市民には、フランスへの帰属意識など一片もなかったといってよい。

一四五〇年九月、ノルマンディ大作戦に勝利したシャルルは、部隊をギュイエンヌに派遣し、ベルジュラックをはじめとする砦を攻略した。

明けて一四五一年五月、デュノワ伯の率いる二万の兵が、ボルドーに向かって進軍し、サンテミリオン、フロンサックなどの近隣の町を落としてボルドーを包囲した。ボルドー市民は代表をおくり、話し合いが開始される。

デュノワ伯はシャルル7世の名代として交渉にあたり、ボルドーの自治と特権を認め、もし六月二四日までにイングランドの援軍が到着しなければ、町を明け渡すということで市民と合意した。期待された援軍はとどかず、イングランド軍は町を離れ、デュノワ伯はボルドーに入城した。

しかし、イングランドとの戦いはこれでは終わらなかった。シャルルが大きな失敗を犯したのである。彼は町の行政をにぎると、ギュイエンヌ地方一帯に恒常的な課税制度を導入した。一四三九年のオルレアン三部会以来、ようやく定着し始めていたこの制度も、ギュイエンヌの人々には寝耳に水だった。ボルドーはただちに代表をおくり抗議したが、無駄だった。

そこで彼らは海を渡って、イングランドのヘンリー6世と交渉を開始した。イングランドが援軍を派遣すれば、ボルドー市民は、それに呼応して反乱を起こすというのである。

一四五二年十月二十二日、タルボットが五千の兵とともにボルドーに姿をあらわした。市民はただちに城門を開き、進入したイングランド軍の手で、シャルル方の行政官や守備兵は逮捕された。

イングランドは同時に、ノルマンディ海岸にむけて軍船をさしむける。シャルルはやむなくデュノワ伯とリッシュモンの軍をノルマンディに向け、かろうじてイングランド軍の上陸を阻止した。フランス軍の主力がノルマンディで戦う間に、タルボットはボルドー周辺を固め、さらにイングランドからの援軍が到着する。

ボルドーの守りは市民の協力をえて万全なものとなり、タルボットはふたたびギュイエンヌの支配にのりだした。

一四五三年六月二日、ようやく態勢を整えたフランスは、ボルドーにむかって進軍を開始した。フランス軍の内部では、ただちにボルドーを攻めるべきか、それとも周辺地域を攻略したのちにボルドー攻略にかかるかで意見がわかれた。しかし結局、後者の戦術が勝ち、ボルドーから五〇キロほど離れたドルドーニュ河沿いの要衝カスティオンを攻め、ここに拠点をおくこととした。

こうしたフランスの動きをみたタルボットは、一万の兵を率いてボルドーを出てフランス軍を迎え撃つ作戦にでた。この時、なぜタルボットが守りの固いボルドーを捨てて、わざわざフランス軍の待ち構えるカスティオンまで進軍したかは謎である。カスティオンの修道院に陣を敷いたフランス軍は塹壕を掘り、弓兵をひそませて万全の態勢をしいていた。

一四五三年七月十七日、激しい戦いの後にイングランド軍は総崩れとなり、タルボットは戦死する（図61）。

ロシュフコーに滞在し、カスティオンの勝利と敵将タルボットの死を聞いたシャルルは、神に戦い

図61　タルボットの戦死
ジャン・シャルティエの写本の挿絵に描かれたタルボットの死。

の勝利を感謝し、タルボットのために「よき騎士に、神の赦しがあるように」と祈ったと伝えられる。

　ボルドー市民は、タルボットの死にもひるまなかった。ヘンリー六世の重臣ロジェ・ド・カモワを将として、あくまで戦う姿勢を崩さない。

　しかし、籠城は長びき、飢餓のうえに疫病が蔓延する。

　ついに十月九日、シャルルの前に全面降伏する。

　その十日後、イングランド兵は故国に帰還した。

　シャルルは帰国するイングランド兵に一エキュずつ与えてその労をねぎらったが、ついにボルドーの町には足を踏み入れなかった。

こうしてシャルル5世の残した宿題は解決され、百年戦争は終わった。しかし、戦いの終結を告げる文書はなにひとつ残されていない。

イングランドはあいかわらずカレーを占拠しつづけ、イングランド王は、この後も数世紀にわたって「イングランド・フランス両国の王」であると主張することをやめなかった。

ジャック・クールの逮捕

ギュイエンヌが解放され、百年戦争が終結を迎えようとするその最中に、ひとつの謎めいた出来事が起こった。ジャック・クールの逮捕である。

事件は悪意のある嘘からはじまった。一四五〇年二月九日、シャルル7世の愛妾アニェス・ソレルが四人目の子供の出産直後に急死した。この不思議な死をジャンヌ・ド・ヴァンドームが、ジャックによる毒殺であると訴えたのである。

ジャックはアニェスのいわば腹心であり、遺言の執行者の一人ですらあった。しかし、高位の人ジャンヌの訴えは受理され、ジャックは拘束された。

シャルル7世の命令で捜査が開始され、アニェス毒殺に関しては疑いが晴れ、逆にジャンヌ・ド・ヴァンドームが虚偽の訴えの罪に問われることになったのだが、捜査はさらに続き、一四五二年六月に捜査の結果が王に報告される。ジャックは、王に対する反逆の罪と王の名誉と権威を汚した罪で告発されたのである。

図 62　アニェス・ソレルの「聖母子像」

1450 年にフーケが描いたこの「聖母子像」は、おそらくシャルル 7 世の愛妾アニェス・ソレルをモデルとしている。アニェスは、シャルルの母イザボーとは対照的な、才色兼備の女性であったと伝えられる。

最初の「王に対する反逆の罪」というのは、王の手紙を封印する小さな印章と王の署名のある白紙の文書用紙が、ジャックの使用人の家からみつかったことにある。これは、国王の代理人としてイタリアなどとの交渉にあたっていたジャックの立場からすれば、緊急時の王の親書偽造などのために、ありえないことではない。

いまひとつの「王の名誉と権威を汚した罪」というのは、銀の不正輸出など、おもにレヴァント貿易にかかわるもので、ジャックの貿易活動の実態をよく知っていた王が、いまさら驚くようなことはなにも含まれていなかった。

捜査が王の命令で始められたことからも分かるように、シャルルは何かのきっかけでジャックを疑いはじめ、宮廷から排除し、その莫大な財産を没収しようと決心したのである。ジャックは王の監視のもとに置かれ、拷問を受けて自白を強要される。

そして一四五三年五月二九日、ポワティエの法廷で判決を受ける。

判決は、罪にふさわしい罰金を支払うこと。王に対して四十万エキュの罰金を支払い終わるまでは、牢獄につながれること。その他の財産はすべて没収されること。牢獄から開放された後は、王国から追放されることなどであった。

六月六日、高等法院の裁判官の判決としてではなく、王の名で下されたこの奇妙な判決をジャックは受け入れ、罪を告白し、収監された。彼の全ての財産は、あのガレー船も含めて売り払われ、国庫に納入されるはずだった。

ジャックの財産の調査は、パリ高等法院の誠実な検事ジャン・ドゥヴェによって、この後四年と一カ月にわたって行なわれることになる。フランス全土にジャックの足跡を追うドゥヴェの調査は困難をきわめたが、その最中の一四五四年十月、ジャックはポワティエの牢獄を脱出する。

大脱走

ジャック脱出の真相は明らかではない。ポワティエの牢獄の扉には頑丈な鍵がかかっていたが、窓の一つが破られていた。いったい誰が手引きをしたか、謎である。

ジャックはポワティエを後にすると、まずリモージュの修道院に逃げ込んだ。それからドメニコ会の修道院に移り、そのネットワークを利用して、ローヌ河のほとりの町ボケールまでたどり着くが、河をわたることができない。

ジャン・バルジャンを追うジャベル警視のように、まじめでしつこい検事ドゥヴェが捜査の網を張りめぐらせていたのである。国王シャルルの命をうけた彼は、ジャックが南に逃げると推理し、川の渡しや港に厳重な見張りをたてていたのだ。

しかし、そこは「蛇の道はヘビ」である。ジャックは、マルセイユで主人の到着をまつ忠実な使用人ジャン・ド・ヴィラージュに危機を知らせる。ジャンは知らせを受けるとすぐに馬をしたて、ボケールの対岸の町タラスコンに向かい、小舟を失敬してロワールを渡った。そしてボケールの水門を壊して町に入り、ジャックを救出し、マルセイユまで護送する。さらにガレー船仲間のネットワークを利

図 63　ジャック・クールの支店網

ジャック・クールの支店網。北はロンドン、ブリュージュから、南仏、イタリアを経て、ベイルート、アレキサンドリアまで、広大なモノと情報とヒトのネットワークが構築されていた。

用して地中海を渡り、イタリアのピサに脱出させた。

こうして、一四五五年三月十六日、ローマに到着したジャックは、教皇ニコラウス5世の「家族を迎えるような大歓迎」を受け、手厚い保護を受けることになる。

ジャック・クールは、もちろん何もたずにローマに到着したわけではない。かつて国王の使節として教皇庁を訪れたあの日のように、しっかり財宝を身につけていた。

国王シャルルも検事ドヴェも、ジャックがフランスという国を越えて張り巡らせたネットワークと、彼の育てた優秀なエイジェントの能力を過小評価していたのである。このネットワークのおかげで、探索の旅をつづけるドヴェの足取りも、ジャックの仲間たちには筒抜けであった（図63）。

たとえば、ドヴェがリヨンで捜査を開始すれば、その間にモンペリエの財産は安全な場所に移される。いそいでモンペリエにやってくれば、今度はマルセイユの荷物が隠されるという具合である。情報通の彼らは、口裏をあわせてドヴェを手玉にとる。彼は四年にわたる捜査の中で、玉突きの玉のように、フランス各地を引きずり回され、ほとんど何も明らかにすることができなかった。

その間、ジャックの育てた商売は、打撃をうけるどころか、その使用人たちに受け継がれ、大いに発展をとげていた形跡さえある（図64）。

そして、さらに皮肉なことだが、国王シャルル自身も、じつはジャックの残した交易とネットワークを必要としていた。王は、ジャン・ド・ヴィラージュをはじめとするジャックの後継者に対して交易の特権を与え続け、ジャックの商売を助けざるをえなかったのである。

脱出したジャックは、もちろん四十万エキュという法外な罰金を支払うことはなかった。

それでは、その金をなにに使ったのか。

彼はふたたびガレー船を買いもとめ、地中海に乗り出したのである。

たった一人の十字軍

それにしてもジャック・クールは、なぜ教皇に「家族のように暖かく」むかえられたのか。それにはふたつの理由がある。

まず、商売上の理由である。ジャックが携わっていたレヴァント交易は、当然のことながらローマ教皇の宿敵イスラム教徒を相手にする。しかし一〇九五年にウルバヌス2世が十字軍を呼びかけ、イスラム教徒との聖戦によって大成功をおさめてからは、教皇はこの十字軍なしには存在感を示せない状態になっていた。十字軍は、一二七〇年に聖王ルイが中心となって組織した第八回をもっておおかた終了するが、百年戦争のさなかにおいても、王や貴族たちの魂をゆさぶりつづけ、その余韻を残していた。イングランド王ヘンリー5世が「イングランド・フランス」両王の王冠をめざしたのも、「フランス制覇のつぎは十字軍」という夢があったからである。一四三〇年に、ブルゴーニュ公フィリップが結婚を機会に「金羊毛騎士団」という豪華な組織をたちあげて盟主となることができたのも、十字軍という錦の御旗あればこそであった。

しかしその一方で、豊かなイスラムの文化にふれたヨーロッパ人には、エジプトやシリアからの商品なしの生活が考えられなくなってくる。ローマ教皇は、一方でイスラムとの聖戦を掲げながら、そのかげでイスラム教国とのあいだの微妙な駆け引きをあやつり、莫大な利益をえていたのである。レヴァント交易を始めるにあたってジャックは、まず教皇の特許状を必要とした。そして、彼は教皇の特別な交易許可をもつ都市モンペリエをレヴァント取引の拠点とし、教皇と深い経済的な関係を築くにいたった。

ジャックが、教皇の保護を獲得したもう一つの理由は、彼の外交上の実績である。

図 64　ジャック・クールの館

1848 年のパリ・コミューヌ直後に描かれたジャック・クールの館。当時、反乱軍を収容する監獄として使われていた。この豪華なたたずまいの建物は、主を変え、数奇な運命をたどりながら、今も世界遺産の町ブルジュにそびえている。

一四一八年、コンスタンツの公会議で「大分裂」に終止符をうった教会は、なお火種をかかえていた。とくにエウゲニウス4世（1431－47）の時代には、対立教皇フェリクス5世の出現に苦しんでいた。ジャックはシャルル7世の意を受けて、この複雑な教会政治の調停にあたり、つねにエウゲニウスを支えつづけた。そして一四四八年にエウゲニウスが死に、新教皇ニコラウス5世が誕生すると、マルセイユから一一艘の船に祝いの品を積み込んでかけつけ、ニコラウスを励ました経緯があったのである。

ジャックがローマ入りした当時の教会はすでに対立教皇問題

を解決していたが、新たな難題を抱えていた。東ローマ帝国の滅亡とオスマントルコの台頭である。一四五三年五月二九日、メフメト2世によってコンスタンチノープルが攻略されると、九月三〇日、教皇ニコラウスはヨーロッパ全土にむかって、オスマントルコと戦う十字軍の結成を呼びかけた。しかし、百年戦争を抱えるイングランドもフランスも、内紛にあけくれる神聖ローマ帝国諸国も、この呼びかけに容易に腰をあげなかった。

そして、ニコラウスが死ぬと、その後継者カリストゥス3世は一四五五年九月八日、ローマのサン・ピエトロ大聖堂で、ふたたび遠征を呼びかけた。ジャック・クールはこの呼びかけに応え、ガレー船の手配と乗組員の募集を行ない、プロヴァンス各地とローヌ河流域やマルセイユなどの諸都市で人員を確保した。

一四五六年六月十一日、オスティアの港に集結した教皇のガレー船は、ジャック・クールに率いられて出港し、ナポリでアラゴン王のガレー船と合流して、遠征の旅にでた。しかし、総勢三十隻に満たない「十字軍」の活動は地味で、じっさいにトルコと戦うことはなかったと伝えられる。せいぜい、キリスト教徒の守る島をいくつかまわり、人々を励まし、要塞の強化に手を貸したくらいのところだったのである。

ジャックは、この行動が始まってすぐ、一四五六年一一月二五日にキオス島で亡くなったらしい。おそらくフランシスコ修道士の教会に埋葬されたものと思われる。

一四六七年、ジャックの息子アンリ・クールが、ジャックの遺骸を故郷につれもどす願いを教皇に願い出ていたことが知られている。

エピローグ

1 「蜘蛛の王子」ルイの罠

一四五三年十月、イングランド軍との戦いに勝利して百年戦争に終止符をうったシャルル七世に最後に残された戦いの相手は、皮肉なことに息子ルイだった。

ルイは、一四四〇年の「プラグリーの反乱」の後、父とともにフランス各地を転戦し、荒くれの傭兵を率いて大きな戦果を残した。しかし一四四七年一月に所領のドーフィネに戻ると、グルノーブルを拠点として独自の政策をおしすすめ、顧問会議の再三の要請にもかかわらずパリにもどらず、父を苦しめることになる。

ルイの攻撃の特徴は、けっして獲物を正面から相手にしようとはせず、周囲に見えない網をはり、徐々に追いつめることにある。マキアヴェリの『君主論』のモデルともいわれ、後年「ユニバーサル・スパイダー(どこにでも網をはりめぐらす蜘蛛)」とあだ名された彼の戦術は、まず父を相手にすることで磨きをかけられていった。

ルイが最初に狙いをつけたのは、父の寵臣ブレゼであった。ルイは、秘書官のマリエットを利用してブレゼに関する悪い噂をまきちらした。ところが、このマリエットが食わせ者で、ブレゼにはルイのたくらみを密告し、王にはルイとブレゼのたくらみを密告して歩いた。

そうした挙句、身の危険を感じたマリエットはルイのもとに逃げ込む。ルイはマリエットを拷問して、ブレゼに関する情報を聞き出した上で、彼の身柄を王に引き渡す。王はさらに彼を拷問して、ブレゼとルイの秘密を聞き出し、斬首した。

こうなると、真相は藪の中である。ブレゼの潔白は証明されたとはいえ、霧のような疑惑が王の心に残る。考えれば考えるほど、王の疑いは深まっていくのである。耳をふさいでも、遠くから「蜘蛛」の人を食ったしのび笑いが聞こえてくるのである。

これが典型的なルイの手口だった。

一四五一年四月二日、ルイはサヴォワ公の娘シャルロットと結婚するが、これにも手のこんだ策略が仕組まれていた。そもそもサヴォワ公は、イタリアをめぐりアンジュー公ルネとそれを支持するシャルル相手に横槍を入れ、アンジュー公のイタリア戦略を破綻にみちびいた札付きのワルである。サヴォワ公は、シャルルとルイとの抗争を知ったうえで、二十万エキュの持参金をつけて娘をルイに娶わせた。ルイの花嫁には、おまけに五千エキュの年金すらついていた。

この結婚をめぐっても、父と子のあいだに激しいやりとりが交わされた。しかしルイは、つねに父親に正面から逆らうことをせず、見え透いた言い訳をかさねて、あと一歩というところで攻撃をかわし、みごと結婚にすべりこんだ。

図 65 「善政の効用」

1450 年頃ルーアンで描かれた「善政の効用」。王が教会の代表、法を司る者、騎士、上層市民などに囲まれている。下段は、農民と商人、農村と都市の平穏な生活を描いている。

そして最後は、真打ブルゴーニュ公フィリップの登場である。シャルルの怒りが燃えあがり、ルイの旗色が決定的に悪化したと思われる一四五六年八月三〇日、ルイは十数人の手勢をひきつれてブルゴーニュ公フィリップのもとに逃げ込んだ。そして八月三一日、父に宛てて、「ブルゴーニュ公が十字軍の遠征に出発すると聞いたので、自分もおよばずながらはせ参じた」という手紙を書いた。ブルゴーニュ公の率いる金羊毛騎士団の十字軍遠征がただの「お遊び」であることは誰でも知っている。みんな遊びと知りながら、本気のふりをして付き合っているのである。

ルイがその遊びを利用したことは誰の目にも明らかである。しかし相手がブルゴーニュ公で、しかも十字軍という錦の御旗を掲げられては、シャルルも手の出しようがない。

懐の深いブルゴーニュ公は、ルイの悪い嘘を知りながら手厚くむかえ、フランドルの町ジュネップに城をあたえた。ルイはここを拠点とすると、ふたたび父親にむけて陰謀の手をのばす。

2　シャルル7世の死

晩年のシャルル7世は、原因不明の足の腫瘍に悩まされていた。おそらく癌性のものであったと思われる傷は、彼をたえず苦しめた。

父の病を耳にすると、ルイは当然のことのように網をはった。王の宮廷に放った密偵をつかって、毒殺計画の噂をながしたのである。今回の下手人役は、王にもっとも身近な医師である。

主治医のアダム・フュメはただちに逮捕され、暗い塔の奥底に閉じ込められる。傷の痛みに苦しむシャルルの手術を担当する外科医は、身の危険を感じてルイのもとへ逃げ込む。毒殺の噂のもとがルイだと判明しても、シャルルの心は晴れることはない。

宮廷にはこのような疑惑を流すルイの手先が無数に潜んでいて、たえず根も葉もない噂をささやき、身辺を混乱させる。また、いつ毒をしかけにやってくるか分からない。原因不明の痛みに苦しむ王には、気の休まるひまがなかった。

一四六一年七月、シャルルは危篤状態におちいる。ルイの毒殺をおそれた彼は、食を断ち、やせ衰え、すでに食物を受けいれる力を失っていた。

そして七月二二日の朝、彼は死の床に付き沿う司祭に「今日は誰の祝日か」と聞いた。カトリックの暦には、毎日、その日の守護聖人が記されているのである。

司祭が「今日は、マグダラのマリアの祝日です」と答えると、「そうか、あの罪深い女の祝日に、世界一罪の深い男が死ぬのだな。神の御心に感謝しよう」と言い残し、その日の午後、従容《しょうよう》として黄泉《よみ》の国に旅立った（図66）。

三十八歳になったばかりのルイは、シャルルの死の知らせをジュネップの城で聞いた。

彼は、どれほどこの日を待ちわびていたことだろう。彼は父を心の底から憎んでいた。プラグリーの不始末からついに立ち直ることを許されず、辺境の地ドーフィネに追いやられ、ついにはフランドルの片田舎にまで追い込まれ、食客の身分にまで成り下がった境遇を呪い、自分を世界一不幸な王子

図66　シャルルの死
ムアン・シュル・イエヴルの城で死の床につき、終油の秘蹟を受けるシャルル７世。「フランス大年代記」の挿絵。

だと思い込んでいたのである。それが今日、父の死とともに、ヨーロッパ最強の王の地位を約束されたのである。

ルイはその喜びを隠さなかった。フランスに立ち返る途中、形ばかりの追悼ミサをあげたが、王の遺骸に対面し、王の棺を担うことはなかった。

八月七日、歴代の王の先例に倣って、シャルル７世はサン・ドニの修道院に葬られ、三八年にわたる治世を終えた。

ルイ11世はランスで戴冠すると、喜びのうちに親政を開始する。

しかし、歴史はどこまでも皮肉である。父シャルルを憎み、苦しめることに情熱を注いだ息子ルイは、父のもっとも優れた後継者として振る舞い、恩人フィリップ亡き後のブルゴーニュ公家を、熾烈な争いの後に併合し、フランスを中世的な国家から、近世的な絶対王政国家にかえる作業を完成させる。

さらに、彼の息子シャルル8世は、父の用意した布石をたよりに、アンジュー家のプロヴァンスとブルターニュ家のブルターニュをフランス領に組み込み、ここに現在のフランスが誕生する。

シャルルを苦しめた「蜘蛛の王子」ルイは、父親の死後、ヨーロッパ全土に陰謀の噂をふりまき、罠を張り、謀略を駆使して、近世国家フランスを絡めとったのである。

あとがき

一四五三年十月十九日、シャルル7世はイングランドをボルドーから駆逐し、百年戦争を勝利にみちびいた。英仏の覇権をめぐる長い争いの終結によって、フランスは社会的にも経済的にも統一を獲得し、国民国家としての第一歩を踏みだしたといえる。

長くつづいた英仏の覇権争いは、じつはシャルル7世の祖父（シャルル5世）の治世末期にほぼ終結し、「百年戦争」どころか「四十年戦争」で決着するはずであった。これが「百年戦争」にまで長引いたのは、主として二つの理由による。

第一はシャルル五世の三人の弟アンジュー公、ベリー公、ブルゴーニュ公が、王の死後、国家的な利益よりも、公家の利益を優先し、競い合ったことである。彼らは兄同様に傑出した人物であったので、その後の展開は複雑をきわめた。

第二は、亡き王の長子シャルル6世が発狂し、正気とのあいだをさまよいながら、三十年以上にわたってフランスを支配しつづけたことである。その結果、フランスは未曾有の混乱をむかえ、イングランドの侵略をまねき、「百年戦争」が再開される。

シャルル7世は、狂気の王の十一番目の子供であり、運命のいたずらで王太子の地位についた。乱世の荒波に翻弄され、不遇であった幼い彼を助けたのは、アンジュー公の妻ヨランドとベリー公ジャンである。

ヨランドは、地中海とイタリア支配を目ざすアンジュー家をささえる一方で、わずか十一歳のシャルルを娘の婚約者とし、「よき母（＝保護者）」として養育し、生涯にわたって彼を庇護した。一方、南仏支配を通じて財を築いたベリー公は、画家や建築家のパトロンとして振る舞ったのち、その都ブルジュと豊かな富をシャルルに残した。

青年期のシャルルをフランスの支配者として決定づけたのは、ジャンヌ・ダルクである。彼女は、絶体絶命の危機にあったオルレアンを解放し、シャルルをランスに導き、フランス王として戴冠させる。

同じ時期に、ジャンヌとともに各地を転戦し、王太子の軍に勝利をもたらしたのは、ジル・ド・レをはじめとする武将であり、ラトレモイユ等の官僚である。しかし、ジャンヌにせよジルにせよ、一気にイングランドの手からフランスを解放する力や戦略を持ち合わせていたわけではない。イングランドとフランスの間には、強大な軍事力と経済力をもつブルゴーニュ公家が控え、その当主フィリップ善良公は冷静沈着であり、シャルルにまさる高い見識を有していたからである。

王位についたシャルルは、イングランドのみならずブルゴーニュ公家とも対峙する厳しい現実をふまえ、ジャンヌを見殺しにし、ジルを破滅に導く非情な統治者の道をえらぶ。彼は、軍制を立て直して傭兵の野盗化をふせぐ一方で、貨幣改革を断行して財政健全化をはかり、権力基盤を強化する。

こうした中央集権的な権力強化は、当然、大貴族の反発をまねき、王太子のルイを巻き込んだプラグリーの反乱を引き起こすが、すでに老獪な政治家としての手腕を身につけたシャルルはひるまない。この壮年期シャルルの財政再建に貢献したのが、ブルジュの商人ジャック・クールである。地中海のモンペリエから北海のブリュージュ、さらにはエジプトのアレキサンドリアにまでいたる商品流通のネットワークを築き、フランス商業に新しい可能性を開いた彼は、最後は、その富のゆえにシャルルに切り捨てられる。しかしシャルル以上に巧妙なジャックは、まんまと彼の裏をかいて脱出、最後まで夢を捨てず地中海に乗りだしてゆく。

以上のような曲折のはてに、イングランド軍をボルドーまで追い詰めたシャルルは、ついに「百年戦争」を終結させ、死を迎える。そして、最後まで父を苦しめた長子ルイは、父の路線を継承し、庇護者であったブルゴーニュ公家を滅ぼして、父の仕事を完成にみちびいた。

二〇〇八年の九月から半年のあいだ、おもわぬきっかけでリヨンに滞在することになった時、私はふと「ジャンヌ・ダルクの出発」と題された卒業論文（一九六八年）のことを思い出した。その間、一九六九年から五年あまりベルギーのルーヴァンで過ごした折には、ムーズ川をさかのぼってジャンヌの故郷ドンレミまで巡礼したこともあったが、「ジャンヌの出発」はいつまでたっても「出発」のままで放置されていた。

江戸の仇を長崎でという古い諺もあるが、そろそろ決着をつけるのも悪くないと考えて、再挑戦した結果が本書である。

四〇年を経て、シャルル7世と同様に人生の辛酸をなめつくしたために、二十二歳の学生時代とはすっかり見方が変わっていたが、私にとってジャンヌが奇跡の人であることは変わりなかった。ただ、その奇跡は神の声によるものである必要はなくなっていた。

現在の私には、ジャンヌの聞いた声が本当に神の声であるか否かは、あまり関心がない。ただ、彼女が逡巡し迷いぬいたあげくに、心を決めると一直線に突き進んだその姿勢は、いまも奇跡であると思われる。そしてさらに、ルーアンで経験した絶望の果てに、一度だけ「声」の主を疑いながら、ふたたび深い信頼をとりもどして刑場に向かっていった力が奇跡であると思われた。

そういうわけで、若いころに取り組みながら放擲してきた、「奇跡とはなにか」という問題にもう一度向き合う機会を与えてくれた勤務先の専修大学に感謝する。これは二〇〇八年度中期国外留学のささやかな成果の一部である。

また、この出版不況のおりに、本書の刊行を引き受けてくれた悠書館の長岡正博さんに深く感謝する。

樋口　淳

25. Jacques Heers, *Jacques Cœur*, Perrin, Paris,2005.
26. Georges Bordonove, *Charles V le Sage* , Pygmalion, Paris,1985.
27. Françoise Autrand, *Charles VI*, Fayard, Paris, 1986.
28. Georges Minos, *Charles VII*, Perrin, Paris, 2005.
29. Marquis de Sade, *Histoire secrete d'Isabelle de Bavière reine de France*, Gallimard, Paris, 1953.

日本語翻訳文献

1. アンリ・ピレンヌ著　増田四郎他訳『中世ヨーロッパ経済史』1956年　一條書店
2. マルク・ブロック著　森本芳樹訳『西欧中世の自然経済と貨幣経済』1985年　創文社
3. アンリ・ダヴァンソン著　新倉俊一訳『トゥルバドゥール』1985年　筑摩書房
4. ジョセフ・カルメット著　田辺保訳『ブルゴーニュ公国の大公たち』2000年　国書刊行会
5. ジャン＝ポール・エルチュヴェリー著　大谷暢順訳『百年戦争とリッシュモン大元帥』1991年　河出書房新社
6. 高山一彦編・訳『ジャンヌ・ダルク処刑裁判』1996年　白水社
7. エマニュエル・ル・ロワ・ラデュリ著『ラングドックの歴史』1994年　白水社
8. レジーヌ・ペルヌー他著　福本直之訳『ジャンヌ・ダルク』1992年　東京書籍
9. 　フィリップ・コンタミーヌ著　坂巻昭二訳『百年戦争』2007年　白水社
10. ベルナール・グネ著　佐藤彰一・畑奈保美訳『オルレアン大公暗殺―中世フランスの政治文化』2010年　岩波書店

日本語文献

1. 山瀬善一著　『百年戦争』1981年　教育社
2. 佐藤賢一著　『英仏百年戦争』2003年　集英社
3. 堀越孝一著　『ブルゴーニュ家』1996年　講談社
4. 久光重平著　『西洋貨幣史』2005年　国書刊行会

参考文献

フランス語文献

1. Thomas Basin, *Histoire de Charles VII t.I*, Société d'édition «Les Belles Lettres», Paris, 1964.
2. Thomas Basin, *Histoire de Charles VII t.II*, Société d'édition, «Les Belles Lettres», Paris, 1965.
3. Gérard de Sanneville, *Yoland d'Aragon*, Perrin, Paris, 2008.
4. Bernard Guennée, *La Folie de Charles VII*, Perrin, Paris, 2004.
5. Jacques d'Avout, *Le Meutre d'Etienne Marcel*, Gallimard, Paris, 1960.
6. Jacques Heers, *Gilles de Rais*, Perrin, Paris, 2005.
7. Georges Bataille, *Le procès de Gilles de Rais*, Jean-Jacques Pauvert , Paris,1972.
8. Phillippe Contamine, *La Noblesse au Royaume de France*, Presse Universitaire de France, Paris, 1998.
9. Jacques Heers, *De Saint Louis à Louis XI*, Bartillat, Paris,1998.
10. Jules Michelet, *Histoire de France Charles*, Edition des Equateurs, Paris, 2008.
11. Phillippe Contamine, *La Guerre de Cent Ans*, Hachette, Paris, 1976.
12. Jean Froissart, *Chroniques Livres I et II*, Librairie Générale Française, Paris, 2001.
13. Jean Froissart, *Chroniques Livres III et IV*, Librairie Générale Française, Paris, 2004.
14. Françoise Autrand, *Jean de Berry*, Fayard, Paris,2000.
15. François Avril, *Les Grands Chroniques de France*, Phillipes Lebaud, Paris,1987.
16. Paul Benoit, *La Mine de Pampailly*, A.L.P.A.L.A., Lyon,1997.
17. Georges Bordonove, *Charles VII*, Pygmalion, Paris,1985.
18. Etienne Fournial, *Histoire Monaitaire de l'Occident*, Fernan Nathan, Paris,1970.
19. John Day, *Monnaie et marché au Moyen Age, Comité pour l'Histoire Economique et Financière de la France*, Paris, 1994.
20. Marclle-Renée Raynaud, *Le temps des Princes*, Presses Universitaires de Lyon, Lyon, 2000.
21. Georges Bordonove, *Jacques Cœur et son temps*, Pygmalion, Paris,1977.
22. Philippe Delorme, *Isabeau de Bvière*, Pygmalion, Paris,2003.
23. Georges Bordonove, *Louis XI le Diplomate*, Pygmalion, Paris,1986.
24. Marie-Christine Bally-Maître, *Mines et Pouvoir au Moyen Age*, Presses Universitaires de Lyon, Lyon, 2007.

樋口　淳（ひぐち・あつし）
1946年生。専修大学文学部人文ジャーナリズム学科教授。日本民話の会運営委員。ベルギーのルーヴァン大学卒業後、民話・民俗の研究にとりくむ。著書に『民話の森の歩きかた』（春風社）、編著書に『フランス民話の世界』（白水社）、『ガイドブック世界の民話』（講談社）、『越後松代の民話』（国土社）、翻訳に『ヨーロッパの民族学』『フランスの民族学』（白水社）などがある。日本民話データベース作成委員会を組織し、民話記録のデータベース化に取り組んでいる。

フランスをつくった王
—シャルル7世年代記—

2011年3月31日　初版発行

著　者　樋口　淳
装　幀　樋口浩平
発行者　長岡正博
発行所　悠　書　館

〒113-0033　東京都文京区本郷2-35-21-302
TEL 03-3812-6504　FAX 03-3812-7504
http://www.yushokan.co.jp

印刷・製本：シナノ印刷株式会社

ISBN978-4-903487-46-5

定価はカバーに表示してあります